新民法対応!!

事業者が
知っておくべき
「保証」契約
Q&A

東京弁護士会 親和全期会 編

清文社

はしがき

　従来、日本の中小企業融資は、不動産担保・個人保証に依存する傾向が強くありましたが、不動産バブルの崩壊により、また保証人の自殺その他の生活破綻が社会問題化することにより、不動産担保や個人保証に過度に依存した融資からの脱却が課題となっています。

　平成16年には保証契約の要式契約化（書面契約）・包括根保証の禁止などを内容とする民法改正が行われ、平成18年には政府系金融機関の信用保証協会が第三者保証の徴求を原則禁止し、平成23年には金融庁ガイドラインである「主要行等向けの総合的な監督指針」及び「中小・地域金融機関向けの監督指針」において経営者以外の第三者の個人連帯保証を求めないことを原則とする融資慣行の確立が明記されるに至りました。他方で、貸し手側においても在庫動産や売掛金等の担保価値に着目するＡＢＬ（アセット・ベースド・レンディング）や事業の収益性に着目して一定の誓約事項を前提に融資を行うコベナンツファイナンスなど不動産担保や個人保証に依拠しない新しい融資手法といった工夫が進んでいます。

　そして、直近においても、日本商工会議所と全国銀行協会による経営者保証に関するガイドライン研究会が「経営者保証に関するガイドライン」（平成25年12月）を公表し、また保証法制の改正を含む法制審議会の「民法（債権関係）の改正に関する要綱」の答申（平成27年2月）を踏まえた「民法の一部を改正する法律案」が第189回国会（常会）に提出されるなどしており、我が国における保証実務は大きな変革を迎えています。

　融資実務に携わる方々、とりわけ中小企業経営者や金融機関の融資担当者にとっては、まさにいま大きく変革している「保証の実務」について正確に把握し、理解することが重要であると考え、「保証の実務」に

関する諸問題を、近時の変革を意識しつつも網羅的かつ実践的に解説するものとして、本書を発刊することとしました。

　本書を執筆・編集した親和全期会は、東京弁護士会内の会派の一つである法曹親和会の会員のうち司法修習終了後15年までの若手・中堅弁護士によって構成される任意団体（会員弁護士約1,000名）です。親和全期会では、かねてより中小企業の法務支援に力を入れているところ、平成27年度は特に保証をめぐる法律問題について研究してきました。また、若手・中堅弁護士にとって近時の最大の関心事の一つである今般の債権法改正に関する一連の流れについても精力的に研鑽を積んでいるところです。こうした研究・研鑽の成果を本書にまとめる機会を得られたことを大変うれしく思うとともに、経営者や融資担当者など融資実務に携わる方々にとって本書が少しでもお役に立てれば望外の幸せです。

　本書の執筆時点では、「民法（債権関係）の改正に関する要綱」を踏まえた民法改正法案がいまだ成立しておりません（第190回国会（常会）衆議院に提出中）が、改正法の成立時には改訂の機会をいただくことを期待しつつ、本書を発刊いたします。

　最後に、本書上梓にあたっては、株式会社清文社の中塚一樹さんに大変お世話になりました。ここに厚く御礼を申し上げます。

平成28年2月吉日

東京弁護士会　親和全期会
平成27年度代表幹事
弁護士　奥　国範

目次

CONTENTS

第1章 概 説

01 「保証」「保証人」とは？ ——————————— 3
Q そもそも、「保証」「保証人」とは、どういうものでしょうか？

02 保証人と抵当権 ——————————————— 7
Q 保証人になるかもしくは抵当権をつけるよう（物上保証人になるよう）要求されているのですが、どのような違いがあるのですか？

03 親子や夫婦の保証 —————————————— 10
Q 親や夫は、子どもや妻の債務を保証しなくてはならないのですか？

04 経営者の保証 ——————————————— 12
Q 会社の社長は、会社の債務を保証しなければならないのですか？

05 「連帯して保証する」の意味 —————————— 15
Q 契約書に、「借主と連帯して保証する」と書かれているのですが、どのような意味ですか？ 「連帯して」がある場合とない場合で、違いがあるのでしょうか？

06 「共同して保証する」の意味 —————————— 17
Q 契約書に他の人と「共同して保証する」と書かれているのですが、どのような意味ですか？

07 「根保証契約」「極度額」とは？ ——————— **20**
　Q 契約書に、「根保証契約」とか「極度額」とか書かれているのですが、普通の保証と違うのですか？

08 身元保証人の責任 ————————————— **23**
　Q 子どもが就職するにあたって、身元保証人になってくれと頼まれていますが、どういった責任を負うのでしょうか？　印鑑証明書の提出を要求されていますが、出さなくてはダメですか？

09 「期限の利益を喪失する」の意味 ——————— **26**
　Q 契約書に、「期限の利益を喪失する」と書かれているのですが、これはどのような意味ですか？

10 「求償権」の意味 ————————————— **29**
　Q 保証契約の中に記載のある「求償権」とは、どのような意味ですか？

11 未成年の保証人 —————————————— **32**
　Q 自分の借金について未成年の子どもを保証人にしてもいいですか？

12 貸主の引継ぎ ——————————————— **34**
　Q 保証契約を結んだ時と違う人が、貸主だと言ってきているのですが、新手の詐欺ですか？

●コラム：公正証書のメリットと作成手続　　37

第2章　保証契約の成立

13 保証契約の成立要件 ————————————— **41**
　Q 親戚から絶対に迷惑はかけないから保証人になってくれと頼まれて、内容がよくわからない「金銭消費貸借契約書」と書いてある書面の連帯

保証人欄に署名・押印してしまいました。私は連帯保証人としての責任を負うのでしょうか？

14 偽造された保証契約書 ──────────── 43
Q 親が無断で契約書の連帯保証人欄に私の署名・押印をしてしまいました。このような場合でも私は連帯保証人としての責任を負うのでしょうか？

15 書面での意思表示 ──────────── 46
Q 知人から頼まれて、知人が債務を負っていることの確認をする旨の念書に署名・押印をしたところ、後日、債権者から保証人として債務を履行するよう請求されてしまいました。念書には知人の債務を保証するとは記載していないのですが、この場合でも私は保証人としての責任を果たさなければならないのでしょうか？

16 法律行為の重要な部分の錯誤 ──────────── 48
Q 親しい親戚から連帯保証人になるよう依頼され、契約書の連帯保証人欄に署名・押印しましたが、後日、空欄だった主債務者欄に別人の署名・押印がなされていることが判明しました。このような場合でも私は連帯保証人としての責任を果たさなければならないでしょうか？

17 保証人の資格 ──────────── 50
Q 認知症の父や知的障害のある親族でも保証人になることはできますか？
その他、保証人の要件などありますか？

18 他にも保証人がいるかどうか ──────────── 52
Q 主債務者から頼まれて保証人となりましたが、主債務者から他にも保証人がいると言われていたのに、実際には保証人は私一人でした。この場合でも保証契約は成立しますか？

19 闇金融への返済 ──────────── 54
Q 友人が闇金融から借金をする際に、私に無断で保証人にされてしまいました。私は闇金融に返済しなければならないのでしょうか？

20 　**主債務者の情報提供義務** ─────────── **56**
　　Q 知人が事業を起こすことになり金融機関から借入をするために、絶対に迷惑をかけないからということで保証人になって欲しいと打診されました。借入先の金融機関に対しては知人の返済能力が不安だということは言っていましたが結局保証人となってしまいました。知人が支払わなかった場合、私が支払うことになるのでしょうか？

21 　**債務の金額が不明な契約** ─────────── **59**
　　Q 友人から保証人になるよう頼まれて、いくら借りるかわからないのに保証契約書に署名・捺印して友人に手渡してしまいました。友人が借りたお金は全額支払わなければならないのでしょうか？

22 　**公正証書の作成義務** ─────────────── **61**
　　Q 父の会社を引き継いだ兄から自分も保証人になるから弟である私にも保証人となるように頼まれました。私は、サラリーマンで父の会社のことは何もわからないまま兄に頼まれて金融機関から提出された保証契約書に署名押印をしてしまいました。妻から保証人となったことを責められていますが今更責任を免れることはできますか？

23 　**個人根保証契約の極度額の定め** ─────── **64**
　　Q 1 息子が大学に行くことになり大学に近いマンションを借りることになりました。私は息子の連帯保証人となったのですが、契約書上はすべての債務を負担するように読めます。どこまでの責任を負わなければならないのでしょうか？
　　　　2 私の経営する会社の事務用品、社用車のガソリン代等はクレジット決裁となっていますが、これについて代表者の私が保証することになっています。どこまでの責任を負わなければならないのでしょうか？また、私の経営する会社は、商品等を仕入れるにあたり買掛で仕入れています。当該仕入先との契約書を見ると私が連帯保証人となっていました。継続的な仕入れに対してどこまで責任を負う必要がありますか？

24 　**継続的な取引の保証** ─────────────── **67**
　　Q 当社の売掛金の支払いを継続的に取引先の社長に保証してもらうこと

になりました。どのような手続きが必要でしょうか？

25 主債務全額を支払う義務 ——————————— 69
　　Q 主債務者から頼まれて私と友人の二人が保証人となりました。私は債務を全額支払わなければならないのでしょうか。

26 本人確認・保証意思の確認 ——————————— 72
　　Q 融資を依頼され、借主に保証人をつけるようお願いしたところ、借主が保証人の署名のある借用書を持参してきましたが、保証人に会わなくても保証契約は問題ないのでしょうか？

27 会社が保証人となる場合 ——————————— 74
　　Q 会社の役員の借入について、当該役員の会社が保証人となるといっていますが、会社に保証人になってもらうために必要な手続きはありますか？

● コラム：保証の昔話　　77

第3章　保証契約の履行

28 契約書の金額 ——————————————————— 81
　　Q 元金1,000万円の債務について保証したつもりなのに、元金3,000万円の請求がきました。支払う必要はありますか？

29 裁判所からの呼び出しの無視 ——————————— 84
　　Q 主債務者が逃げてしまい、保証人として訴えられました。裁判所に行く義務はありますか？　裁判所に行かないとどうなりますか？

30 内容証明郵便の扱い ──────────── 87
Q 債権者である金融機関から、保証債務の履行請求の内容証明郵便が届きました。どうすればよろしいでしょうか。

31 取締役の保証債務 ──────────── 90
Q 私（A）は、中小企業の取締役を、昨年退任した者です。今年になり、金融機関から、1,000万円の保証債務の履行請求を受けたのですが、私は会社の借入金について個人保証をした覚えがありません。私はどうすればよろしいでしょうか。

32 合併後の保証債務 ──────────── 93
Q 主たる債務者である会社が合併しました。私の保証債務はどのようになるのでしょうか。

33 事業譲渡後の保証債務 ──────────── 95
Q 主債務者である会社が主要事業を他の会社に譲渡いたしました。私の保証債務はどうなるのでしょうか。

34 債務者が死亡した ──────────── 98
Q 主債務者が亡くなりました。保証人が支払う必要がありますか？

35 保証人が死亡した（相続が発生した）──────── 101
Q 保証人となっていた父親が死亡しました。息子である私は、保証責任も相続するのでしょうか？

36 遺産分割協議後に知った保証債務 ──────── 105
Q 私（A）の父親が死亡し、最近、遺産分割協議を終えたところなのですが、その後、金融機関から、父が連帯保証をしていたとして3,000万円の支払請求を受けました。しかし、私たちは、父が連帯保証をしていたことを知りませんでした。私たちはどうすればよいでしょうか。

37 債務の履行状況 ──────────── 109
Q 私は中小企業の社長をしている友人から頼まれてその会社の債務の保証人となっているのですが、その社長は、最近、銀座のクラブで豪遊し

ていて真面目に仕事をしていないと聞いています。私がその社長に、最近業績はどうなのかと尋ねても、「大丈夫、大丈夫」とだけしか答えてくれません。主債務者である会社がきちんと債務を履行しているか、調べる手段はありますか？

38　遅延損害金の支払義務 ―――――――――――――― 112

Q 私（A）は友人の保証人となっていますが、私の知らない間に友人は夜逃げをしてしまい、いつの間にか保証債務に加えて遅延損害金が膨らみ、債権者から突然、遅延損害金を含む高額な保証債務の支払いを請求されました。私はすべて支払う必要はありますか。

39　保証人の財産の差押え ―――――――――――――― 115

Q 当社（X社）は、取引先（Y1社）と継続的取引の基本契約を締結しており、代表者（Y2）に、Y1社の当社に対する債務について連帯保証をしてもらっています。ところで、当社はY1社に対して売掛金があるのですが、Y1社は事実上廃業状態で、支払能力がありません。そこで、Y2氏に請求をしたいのですが、Y2氏は個人で株式投資を行って損をしているそうなので、できるだけ早くY2氏個人の財産を押さえたいと考えています。可能でしょうか。

40　根保証契約の金額 ―――――――――――――――― 119

Q 私はある債務を保証しましたが、当初聞かされていた金額からどんどん増えていきます。私はすべてを支払う義務がありますか？

41　根保証契約の期限 ―――――――――――――――― 124

Q 昔、会社の取引について根保証契約を結びました。根保証契約は一生存続してしまうのでしょうか？

42　自己破産後の保証 ―――――――――――――――― 126

Q 私は、友人のアパートの賃貸借契約の根保証をしているのですが、その友人がギャンブルにはまり、家賃も払えなくなってしまい、自己破産しました。その友人は、破産後も、家賃も支払わずそのアパートに住み続けているようですが、私は、友人が滞納した賃料を全額、賃貸人に支

払わなければならないのでしょうか？

● コラム：保証債務が支払えなくなったら……　　**129**

第4章　保証契約の消滅

43　保証債務の整理 ──────────────── **133**
　Q 代表を務めていた会社の業績が良くなく、私も連帯保証債務を負っています。会社が破産した場合、私はどうなるのでしょうか。私は会社と一緒に破産するしかないのでしょうか？

44　代表取締役の辞任と連帯保証 ─────────── **138**
　Q オーナーに頼まれ、ある会社の代表になり、同社における金融機関からの借入の連帯保証人になりました。しかしながら、近時オーナーや他の役員との経営方針の違いが顕著であるため、会社の代表取締役を辞任しようと思っています。会社の代表取締役を辞任した場合、私が現在入っている連帯保証は外れると理解していいでしょうか。

45　弁済後の求償権 ──────────────── **141**
　Q 主債務者に代わって債務を弁済しました。主債務者から代わって支払った分を返してもらえるのでしょうか。

46　保証債務の時効 ──────────────── **144**
　Q 10年以上保証債務の支払いを請求されていませんが、まだ支払義務はあるのでしょうか。

47　弁済の求償請求の期限 ────────────── **146**
　Q ずいぶん昔に主債務者に代わって債務を支払ったのですが、まだ主債務者に自分が支払った分の支払いを求められるのでしょうか。

| 48 | **離婚した夫の保証責任** ———————————— 148 |

Q 夫の借金について、妻の私は何らかの責任を負いますか。妻である私が保証人になっている場合と、保証人になっていない場合で違いがありますか。保証人になっている場合に離婚したらどうなりますか。また、子供たちに何かしらの責任がありますか？

| 49 | **サービサー等の債権者** ———————————— 151 |

Q 裁判所からサービサーというところを原告として、私に対して保証債務を請求する訴状が届きました。保証をした記憶がないので、放っておいてもいいでしょうか？

| 50 | **経営者保証ガイドライン** ———————————— 154 |

Q 父から会社を受け継ぎましたが、業績も芳しくなく、会社をたたもうかと思っていますが、私が会社の保証債務を負っており、会社を辞めるに辞められません。最近「経営者保証ガイドライン」ができたと聞いたのですが、どのような手続ですか？

| 51 | **経営者保証ガイドラインによって手元に残せる資産** ——— 163 |

Q 経営者保証ガイドラインを利用した場合、具体的に保証人はどのような財産を手元に残せるのでしょうか？　自宅は失わずに済むのでしょうか？

●コラム：賃貸借契約の更新と保証人の責任　　175

■法令等の略記
　本書では、「民法」は現行民法、「改正民法」は民法の一部を改正する法律案のとおりに改正された後の民法に基づいて、解説を行っています。

　表示例：民法第123条第4項第5号イ……民123④五イ
　民………………現行民法
　改民……………民法の一部を改正する法律案
　商………………商法
　民訴……………民事訴訟法
　民執……………民事執行法
　民保……………民事保全法
　民再……………民事再生法
　破………………破産法
　会更……………会社更生法
　会………………会社法
　サービサー法……債権管理回収業に関する特別措置法

　ＧＬ……………経営者保証に関するガイドライン

　※また、民事判例集は、民集で略記しています。

（注）本書は、平成28年2月1日現在の法令等に基づいて解説しています。

第1章

概説

01 「保証」「保証人」とは？

Question

そもそも、「保証」「保証人」とは、どういうものでしょうか？

Answer

　保証とは、債務者が債務を履行しない場合に、他人が債務者に代わってその債務を履行することをいいます。その他人を保証人、保証人により保証される債務を主たる債務、保証人の債務を保証債務といいます。保証債務は、人的担保制度の典型であり、一般に保証人の全財産が引き当てとなります。

　債務とはある者が他の者に対して一定の行為をすること、または、しないことを内容とする義務のことです。例えば、AさんがBさんに100万円を貸したとします。このとき、BさんはAさんに100万円を返す義務があり、この義務が債務です。

　そして、この債務を負うBさんを債務者、介してもらう権利を持つAさんが債権者となります。

　人的担保とは、保証をする人の財産を債務の担保とする制度のことであり、これに対して不動産など財産を債務の担保とすることを物的担保といいます。

　人的担保は、一般的には主たる債務者の人間関係を利用して債権の回収リスクを抑えるものといえるでしょう。

　また保証人には、個人も法人もなることが可能ですが、前者を個人保証、後者を法人保証といいます。本書では主に個人保証をテーマにお話しすることになります。

1. 保証債務の成立

　保証債務は、保証人と債権者との間の契約（保証契約）によって成立します。保証契約は書面でしなければ、その効力を生じません（民446②）。

　保証は主たる債務者から頼まれてなるケースが多いので、債権者との契約であることを意識しないことが多いですが、この保証になってほしいと頼まれて応じる行為は、保証委託契約という別個の契約になります。

　保証契約そのものは、あくまで債権者と保証人との間で取り交わされることが必要です。

　先はどの例で説明すると、第三者であるＣさんが、債権者であるＡさんと、書面で「ＢさんがＡさんに対してお金を返す債務をＣが保証します」という約束をして初めて、Ｃさんは保証人となり、Ｂさんは主たる債務者となります。ＡさんとＢさんの間で、またはＢさんとＣさんの間で保証契約をしても意味が無く、保証契約の効力は生じません。

　催告の抗弁権が行使された場合、債権者は主たる債務者に裁判上ないし裁判外で一度催告すれば足り、その効果が無くても再び保証人に請求できるので、保証人は一時的に履行を拒絶し延期できるに過ぎず、保証人保護の実効性は大きくありません。一方で、検索の抗弁権が行使された場合、保証人は、債権者がまず主たる債務者の財産について執行するまでは保証債務の履行を拒絶できるので、催告の抗弁に比べて保証人保護の実効性が大きいです。催告の抗弁権と検索の抗弁権については、2．(2)で解説します。

　先ほどの例で説明すると、Ｃさんの他にＤさんも保証人となった場合、100万円の債務を二人で割るので、各自50万円の範囲で責任を負うことになります。

　また、保証人は、保証債務を履行した場合、主たる債務者に対して自

己が負担した分を返すよう、求償していくことができます。このように、保証人は、主たる債務者の補充的責任を負うことになります。

2．保証債務の性質

(1) 附従性

　主たる債務が初めから存在しないときには、保証債務は成立せず、主たる債務が消滅すれば保証債務も消滅します。また、主たる債務の同一性が失われずに目的・範囲を変更される場合、保証債務もそれに応じて変更されることになります。これらを附従性といいます。

　先ほどの例でいうと、BさんがAさんに100万円を返すと主たる債務が消滅するので、Cさんの保証債務も消滅します。

(2) 補充性

　保証人は、主たる債務者がその債務を履行しないときに初めてその債務を履行することになります（民446①）。これを補充性といいます。このことから、保証人は、まず主たる債務者に請求せよという催告の抗弁権と、まず主たる債務者の財産に執行せよという検索の抗弁権（民452、453）を有します。

(3) 随伴性

　保証債務は、主たる債務が譲渡されたことなどにより債権者が変更されたときは、保証債務もともに主たる債務と共に移っていきます。このようにしなければ、保証債務だけが従前の債権者の元に残ってしまっても新しい債権者としては、意味がないからです。

　これを随伴性といいます。

(4) 分別の利益

　保証人が複数いる場合、各保証人が追う保証債務は、保証人の頭割りとなります。これを分別の利益といいます。保証人は、保証債務を履行した場合、主たる債務者に対して求償していくことができます。このように、保証人は、主たる債務者の補充的責任を負うことになります。

02 保証人と抵当権

Question

保証人になるかもしくは抵当権をつけるよう（物上保証人になるよう）要求されているのですが、どのような違いがあるのですか？

Answer

「保証人」になることと、「物上保証人」になるのでは、その義務の範囲に大きな違いが生じます。

もし、どちらか一方になることを求められているのであれば、提供した不動産等の担保物の限度で責任を負うという点で、「物上保証人」の方が、望ましいでしょう。

1. 抵当権とは

抵当権とは、その目的となる不動産の引渡しを受けずに、その上に優先的な弁済を受ける権利を確保するものです。

この効力として、債務不履行、例えば、借りたお金を返せなかった場合、その不動産を競売して、貸主は、その代金から優先的に貸金の弁済を受けることができます。

抵当権を有するものを抵当権者、不動産を提供して抵当権を設定した者を抵当権設定者といいます。

2. 物上保証人とは

他人の債務のために自己の所有する不動産等の財産を担保に提供して、抵当権等を設定することを物上保証といい、その財産を担保として

提供した人を物上保証人といいます。

3. 事例

例えば、あなた自身が金融機関から1,000万円を借りる際、その金融機関から担保として、不動産へ抵当権を設定することを求められ、あなた自身が所有する自宅の土地建物に抵当権を設定した場合、金融機関が抵当権者、あなたは主債務者であり、また抵当権設定者となります。

他方、同じ設定で、親や友人が所有する不動産に抵当権が設定された場合、その親や友人は、抵当権設定者、すなわち物上保証人になります。

なお、弁済の途中で、金融機関と約束した毎月の返済ができなくなった場合、金融機関がいきなり競売にかける事例は少数です。金融機関や債務者の経済状況にもよりますが、月々の返済条件を変更すれば、弁済を継続できる場合は、返済期間の延長等で月々の返済金額の減額で対応されることがあります。また、返済の継続が困難な場合でも、競売よりも任意で不動産業者を通じて売却した方が高い金額で売却されるのが通常ですので、金融機関に連絡のうえ、まずは、任意売却を試みたうえで、それが不調に終わった最後の手段で競売手続が取られることが一般的です。

4. 保証との大きな違い

保証は、主債務者が弁済しないときは、自ら弁済するという債務を負います。

他方、物上保証の場合は、債務を負わず、自ら弁済する義務はありません。この場合、提供した不動産等の担保物の限度で責任を負います。すなわち、主債務の金額に関わらず、最悪の場合でも、その不動産をあきらめれば、それで済むことになります。

なお、抵当権を設定した不動産に自身が居住しており、その不動産を

どうしても手放したくない、という場合は、金融機関等の抵当権者と交渉して、抵当権設定者が残債務等を支払ったうえで、設定されている抵当権の抹消を行うことで、不動産を自身の手元に残すことが可能です。
　したがって、絶対に手放したくない不動産に抵当権を設定する場合、事実上、保証人と同じ効果をもたらす点、注意が必要です。

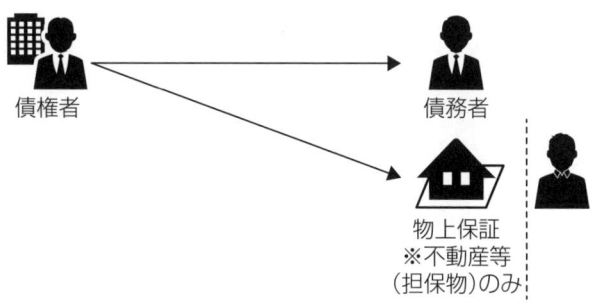

03 親子や夫婦の保証

Question

親や夫は、子どもや妻の債務を保証しなくてはならないのですか？

Answer

　法律上は、保証をする必要（義務）はありません。親子関係や夫婦関係にある人が借金をする場合であっても、全くの他人が借金をする場合と同じく、自分の意思に反して保証をさせられることはありません。保証をするかどうかは、あなた自身が、自由な意思のもとで決定することができます。

1. 私的自治の原則

　民法を含む私法の大原則として、私的自治の原則というものがあります。これは、簡単にいうと、人は自分の権利関係について自分で決めることができるといったような意味合いの言葉です。言い換えると、あなたは、自分の意思で引き受けると決めた責任以外は、原則として負わなくて良いのです。

　あなたの家族が借金をする場合においても、この私的自治の原則が妥当するので、あなたの地位（家族という立場）を理由として、あなたの意思に反して、あなたが保証人になる義務を負わされることはありません。

2. 家族が借金をした責任は？

　古いドラマなどであった、父が多額の借金をしていた（もしくは保証人になっていた）ので娘が若くして多額の借金を負って不幸になると

いったような話も、同様に私的自治の原則に反することになるので、法律的にはおかしな話ということになります。

もっとも、父親が亡くなってしまい、その借金を娘が相続した場合には、父親の借金の責任を娘が負うことはあります。

しかし、これも、相続するという意思決定に基づいて責任を負うのであって、私的自治の原則が妥当していることになります。

3．自由な決定の代償

さて、自由な意思決定のもとでなければ義務を負わないということをお話してきましたが、逆に自由な意思決定をした場合はどうなるのかについてもお話をしておきたいと思います。

昔から、「自由は責任を伴う」などといいますが、私法の世界でもこの理は妥当します。つまり、自由な意思決定のもとに決めたことによって生じる責任については、きちんと果たさなければなりません。

保証という観点から考えると、保証するのかしないのか、その自由な選択が与えられている以上、一度保証をすると決定して契約を締結してしまうと、重大な責任を負うこととなります。

保証を頼んできた人との人間関係からして断りにくいなどの理由から、安易に保証人になってしまうことのないように注意しましょう。

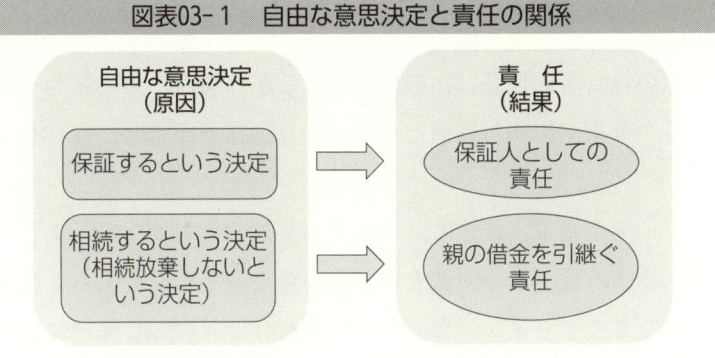

図表03-1　自由な意思決定と責任の関係

自由な意思決定 （原因）		責任 （結果）
保証するという決定	⇒	保証人としての責任
相続するという決定 （相続放棄しないという決定）	⇒	親の借金を引継ぐ責任

04 経営者の保証

Question

会社の社長は、会社の債務を保証しなければならないのですか？

Answer

　法律上、保証する義務はありません。しかし、事実上、代表者が保証人となることを金融機関から求められることが多い状況です。

1. 義務はありません。しかし、、、

　従来から、金融機関から借入を行う場合、金融機関は、会社の代表者である社長に対して、保証すること（経営者保証）を求めてきました。しかし、これは、あくまでも金融機関の判断によって求めているものであり、法律上、社長の保証が必要とされているものではありません。

　もっとも、従来、代表者である社長が保証を断った場合、融資を受けることが困難となったため、事実上、会社の債務を保証せざるを得ませんでした。

2. 経営者保証に関するガイドライン

　社長等の経営者の保証は、経営者による思い切った事業展開や、早期の事業再生等を阻害する要因となっており、様々な課題が存在してきました。

　そこで、中小企業、経営者、金融機関共通の自主的なルールとして、日本商工会議所と一般社団法人全国銀行協会を事務局とする「経営者保証に関するガイドライン協会」から公表された「経営者保証に関するガ

イドライン」の適用が平成26年2月1日から開始されています。

　この経営者保証に関するガイドラインは、経営者の個人保証について、「法人と個人が明確に分離されている場合などに、経営者の個人保証を求めないこと」と規定されています。

　よって、今後、金融機関から保証を求められた場合は、この経営者保証に関するガイドラインの存在を伝えて、社長であっても保証することなく、融資が受けられるよう、相談することが可能です。

　なお、金融庁のホームページでは、「経営者保証に関するガイドラインの活用に係る参考事例集（平成27年12月改訂版）」がPDFファイルにて公開されています。これは、「金融機関等において、経営者保証ガイドラインの積極的な活用が促進され、ガイドラインが融資慣行として浸透・定着していくこと、中小企業等にとっても思い切った事業展開や早期の事業再生等の取組みの参考としていただくこと」（上記事例集内、【はじめに】より）等を期待して、公表されたものです。

　この事例集の中の「Ⅰ.経営者保証に依存しない融資の一層の促進に関する事例」の見出しを一部抜粋して以下、ご紹介いたします。具体的な事例の内容の詳細については、金融庁のホームページをご覧ください。

・事業計画の実現可能性等を考慮して経営者保証を求めなかった事例
・経営管理の強化に取り組んでいる取引先に対して経営者保証を求めなかった事例
・他の金融機関と協調して経営者保証を求めなかった事例
・債務超過ではあるが、経営者保証を求めなかった事例
・今後の事業承継を考慮して経営者保証を求めなかった事例
・海外進出企業に対して経営者保証を求めなかった事例
・摘示適切な情報開示が実現したため経営者保証を求めなかった事例
・再生手続中の法人に対し経営者保証を求めなかった事例
・適切に在庫管理を行っている取引先に対し経営者保証を求めなかっ

た事例
　・保証契約の期限到来に伴い、経営者保証を解除した事例
等の事例が具体的に紹介されています。
　その他、ガイドラインの詳細は、日本商工会議所（http://www.jcci.or.jp/sme/assurance.html）及び一般社団法人全国銀行協会（http://www.zenginkyo.or.jp/abstract/adr/adrsme/guideline/）のホームページもご覧ください。

05 「連帯して保証する」の意味

Question

契約書に、「借主と連帯して保証する」と書かれているのですが、どのような意味ですか？ 「連帯して」がある場合とない場合で、違いがあるのでしょうか？

Answer

「連帯して」と書かれている場合、保証人は、主たる債務者と連帯して債務を負担することになります。これを連帯保証といいます。

主たる債務者と連帯しているため補充性が認められず、債権者から債務者よりも先に請求を受けたとしても、催告の抗弁権及び検索の抗弁権を行使することができません（民454）。

すなわち、連帯保証人は、主たる債務者と同等の立場におかれることになります。

1. 連帯保証

単純保証の場合、一時的に責任を負うのは主たる債務者であり、保証人は債権者に履行の請求をされた場合、まず主たる債務者に請求するよう求めることや、主たる債務者の財産に執行するよう求めることができます（催告の抗弁、検索の抗弁）。しかし、連帯保証の場合、保証人は債権者と事実上同等の立場となるので、債権者は連帯保証人に対しいきなり履行の請求をすることができます。

また、連帯保証人の責任は、債務額につき部分的に責任を負担するのではなく、全部につき責任を負担することになり、分別の利益がありま

せん。すなわち、連帯保証人が複数人いたとしても、全員が主たる債務の全額につき責任を負うことになります。

これらのことから、連帯保証は単純保障よりも強力な保証といえます。

したがって、債権者としてはこのような強力な保証を求めることが多く、実務上も、保証契約といえば連帯保証が使われることがほとんどです。

2. 連帯保証債務の成立

連帯保証は、特約によって生ずるほか、主たる債務が商行為によって発生したものであるとき、または保証契約が商行為にあたるときは、原則として連帯保証となります（商511）。

商行為の定義は、商法第501条から第503条、会社法第5条に定めがありますが、営利性の強い類型や利益を得る目的で反復継続して行われるものが類型的に規定されています。

06 「共同して保証する」の意味

Question

契約書に他の人と「共同して保証する」と書かれているのですが、どのような意味ですか？

Answer

同一の主たる債務（借金）について、「共同して保証する」ことに合意した全員で、一つの借金を保証することとなります。原則的な類型では、各保証人は、借金の総額を共同で保証した人の数で割った金額を保証することになります。ただし、連帯保証人となる場合や、保証連帯に該当する場合には、全額を保証することとなりますので注意してください。

1. 共同保証とは

共同保証とは、同一の主たる債務（借金）について数人が保証債務を負担することをいいます。

共同保証には次の３種類の場合があります。
① 単なる共同保証である場合
② 各共同保証人が連帯保証人である場合
③ 全額を弁済する旨の特約がある場合（「保証連帯」といいます）

2. 各保証人の責任

①の場合、それぞれが均等に割った金額の債務を保証することになります。そのため、保証人が借金の返済をしなければならなくなった場合、各保証人は、借金の総額を共同保証人の人数で均等に割った金額を

支払えばよいことになります（これを「分別の利益」といいます）。これを債権者の側から見れば、債権者は、その割った金額分しか請求できないということです。

他方、②・③の場合、各保証人は、全額を保証することを約束したことになるので、全額の支払いが必要になります。

3. 債権者が借金をした本人より前に共同保証人に請求してきたら

通常の保証人には、催告の抗弁、検索の抗弁というものが認められています（民452、453）。

催告の抗弁とは、債権者に対して、「まず借金をした本人に請求してください。」という権利です。また、検索の抗弁とは、借金をした本人に借金の返済に充てることのできる財産がある場合には、先に本人の財産に対して執行（強制的に回収する手続きをいいます）するように求めることができる権利です。

共同保証人の場合も保障連帯の場合（①と③の場合）も、単なる保証人なので、催告の抗弁と検索の抗弁が認められています。

他方、共同保証人が連帯保証人である場合（②の場合）には、あくまでも連帯保証人であるため、催告の抗弁や検索の抗弁は認められていません（民454）。

4. 本人に代わって借金の返済をした場合

共同保証人が借金をした本人に代わって弁済をした場合（①の場合）、共同保証人自身が負担しなければならない金額までは借金をした本人に対して求償（代わりに払った金額を返せと請求する権利をいいます）でき、その金額を超えた部分については、他の共同保証人に対して各自の負担分について求償できます（民465②）。

他方で、連帯保証や保証連帯の場合（②・③の場合）、自己の負担部

分を超えて支払った場合、次の区分に従い、共同保証人に対して求償をすることができます。(民465①)

・他の保証人の意思に反する場合→求償時に現に利益を受けている限度
・他の保証人の意思に反しない場合→弁済時に利益を受けた限度

図表06-1　共同保証・連帯保証・保証連帯

①共同保証	催告の抗弁あり 検索の抗弁あり	分別の利益あり	自己の負担部分を超えて支払った額は、各保証人の負担部分について求償できる
②連帯保証	催告の抗弁なし 検索の抗弁なし	分別の利益なし	自己の負担部分を超えて支払った額について、次の限度で求償できる ・意に反する場合 　→現存する利益 ・意に反しない場合 　→弁済時の利益
③保証連帯	催告の抗弁あり 検索の抗弁あり		

07 「根保証契約」「極度額」とは？

Question

契約書に、「根保証契約」とか「極度額」とか書かれているのですが、普通の保証と違うのですか？

Answer

根保証とは、継続的な取引関係から生じる不特定多数の債務のために保証することをいいます。根保証は、普通の保証と異なり付従性がないため、一度契約しただけで、その後に発生する債務までも保証責任を負うことになります。

1. 普通の保証との違い

普通の保証には付従性があり、主たる債権が消滅すると保証債務も消滅します。このため、普通の保証は1回限りの取引における債務の履行を保証するものとなります。しかし、これでは大量に行われる取引関係から生じる債務の履行を保証しようとすれば、その都度保証契約を結びなおさねばならず、非常に煩雑です。この欠点を克服するために考えられたものが根保証です。

身近なものとしては、近親者が就職した際に要求される①身元保証、②不動産を借りる際の賃借人の債務の保証があります。

また、取引関係においては、継続的な売買契約や銀行取引から生じる不特定債務の保証があり、当該保証はいわゆる信用保証と呼ばれます。

根保証の場合、保証人は、主たる債務者が債権者に対し有する現在及び将来の一切の債務を保証することになり、継続的取引から生じる債権

について、何回でも利用できます。主たる債務者にとっては必要な場合にすぐに追加融資を受けることができ、債権者にとっては債権の保全手段として有効であるため、保証実務において根保証は数多く使われています。

一方で、保証人の立場からすると保証の範囲が不明確になりがちであるため、保証人の保護のために様々な規定がさだめられています。

2. 根保証債務の成立

根保証契約は、債権者と保証人間で、書面で行う必要があります。

また、根保証契約は、書面上、保証の極度額（主債務の元本、利息及び損害賠償のすべてを含む）を定めなければなりません。この定めがない場合、根保証契約は無効となります。

民法改正に伴い、個人が主債務者となる根保証契約についても極度額の定めをしなければ当該根保証契約は無効になります。この改正の関係では、賃貸借契約から派生する賃借人の保証人の定めに注意が必要です。当該保証人は通常賃借人の債務一切について保証を負うので、当該保証をするにも極度額の定めをすることが必要です。

契約において元本確定期日を定める場合は、契約日から5年以内とする必要があります。契約において元本確定期日を定めない場合は、契約締結から3年を経過した時点で保証する主債務の元本が確定します。

3. 元本確定事由

根保証は、継続的に発生する不特定多数の債務を担保する保証なので、保証の対象を特定し、債務の範囲を特定する必要があります。これを元本確定といいます。以下の事由が発生した場合には、保証人の保証債務の元本が確定します（改民465の4）。

① 債務者や保証人が強制執行を受けた場合

②　債務者や保証人に対する破産手続開始の決定があった場合
③　債務者や保証人が死亡した場合

　根保証の元本が確定した場合、保証人は、その後に発生した債務については責任を負わないことになります。

4. 保証人が法人の場合

　以上のように、根保証契約には厳格な定めがありますが、これらは保証人が個人の場合に限られ、法人である場合には適用されません。なぜなら、法人の場合は、無限責任を負うことに伴う経済生活の破綻のおそれがない上、保証の要否や必要の範囲について合理的な判断をすること期待できるからです。そのため、法人が保証人となる場合の根保証契約については、契約自由の原則に委ねられることとし、当事者間の合意さえあれば、いかなる内容の契約でも構わないこととなっています。

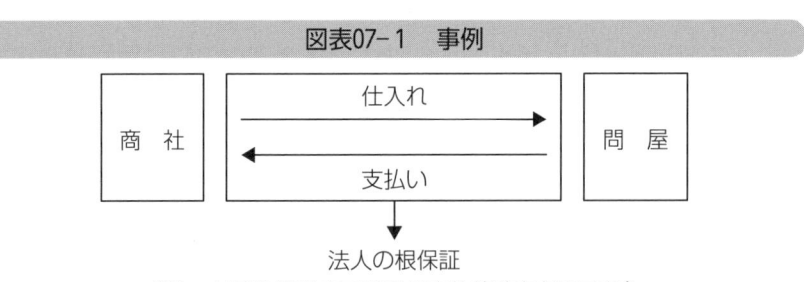

図表07-1　事例

```
          仕入れ
商社 ───────────→ 問屋
     ←───────────
          支払い
              ↓
          法人の根保証
（例：上限〇億円まで問屋の支払債務を保証する）
```

22　第1章　概説

08 身元保証人の責任

Question

子どもが就職するにあたって、身元保証人になってくれと頼まれていますが、どういった責任を負うのでしょうか？ 印鑑証明書の提出を要求されていますが、出さなくてはダメですか？

Answer

事例において、雇用に伴う身元保証を行った後、被用者となった子供が使用者である会社に故意又は過失で損害を与えた場合、子供の会社に対する損害賠償債務を身元保証人である親が一定の限度のもと負うことになります。

印鑑証明書の提出は、法的な義務ではありませんので、断ることも可能です。

1. 身元保証とは

身元保証とは、会社に従業員として雇用される被用者が会社等に損害を与えたときの賠償、もしくは、それとともに損害の発生の防止または損害の拡大の防止を目的とする保証で、通常、身元保証契約を会社と保証人間で締結します。

例えば、身元保証した被用者が、会社のお金を横領するなどして、会社に損害を与えた場合、身元保証人は、その損害額を会社に弁償する義務を負います。

2. 身元保証人の責任

　身元保証人は、身元保証契約を締結する時点では、被用者を日常の業務の中で監督することはほとんどないにもかかわらず、また、将来重大な責任を負うことも明確に予想することが困難であることから、身元保証ニ関する法律5条は、「裁判所は、身元保証人の損害賠償責任およびその金額を算定するについて、使用者の過失の有無等一切の事情を斟酌すべき」と規定しています。同条は、斟酌すべき事情として、被用者の監督に関する使用者の過失の有無、身元保証人が身元保証をするにいたった事由、及びこれをするにあたり用いた注意の程度、被用者の任務、被用者の身上の変化を列挙しています。

　この規定により、被用者が発生させた損害につき、常に、全額の責任を負うことにはならないでしょう。

　もっとも、原告会社Xが、経理部長Aへの貸付金等の支払いをAの身元保証人であるYに対して求めた訴訟において、身元保証人であるYに対して、損害の全額の支払いを命じた判例（東京地判平成16年4月7日）もあるので、注意が必要です。

3. 印鑑証明書の提出は必要か

　身元保証契約は、一般的に、身元保証書や被用者の誓約書内の身元保証欄に身元保証人が署名押印することによって、成立することになります。

　この点、貸金債務等の場合の保証や連帯保証の際に債権者と保証人が対面したり、保証意思を電話で確認するといった場合と異なり、身元保証の場合に、被用者である会社の担当者と身元保証人が面談したり、電話で確認するといったことはないことが多いでしょう。そのため、身元保証人の保証意思を確認する手段として、原則として本人のみが取得で

きる印鑑証明書の提出を求められることがあります。

　そもそも、被用者が就職する際、身元保証契約が必ずしも必要とされるものではありません。しかし、就職難の時期では、事実上、断ることは困難でしょう。とはいえ、印鑑証明書の提出がなくても、身元保証契約の成立には影響しませんので、その旨を会社に伝えて、提出を断っても良いと考えます。

　その際、上記のとおり、被用者である会社は、身元保証人の保証意思の確認のために、印鑑証明書を要求していることから、身元保証人自身が自身の身分証明書を持参のうえ、会社に出向いて、担当者の面前で、身元保証契約に署名することを提案すれば、会社としても印鑑証明書を要求する理由がなくなると思われます。

09 「期限の利益を喪失する」の意味

Question

契約書に、「期限の利益を喪失する」と書かれているのですが、これはどのような意味ですか？

Answer

「期限の利益を喪失する」事由として記載されている事由が発生した場合、当然に、または債権者の請求によって、直ちに全額を返済しなければならないことになります。

借金をした本人が期限の利益を失った場合、借金をした本人自身が直ちに返済しなければならないのみならず、保証人も直ちに返済しなければならないことになります。

1. 期限の利益の喪失とは

まず前提として、「期限の利益」とは、期限が到来するまでは支払わなくて良い（遅延損害金が発生しない）という利益をいいます。例えば、「平成○年○月○日までに返済する。」や、「毎月末日限り○万円を支払う。」などの条項がそれです。

そして、期限の利益の喪失とは、そのような利益を債務者が失うこと、すなわち、支払期限が到来する前に支払わなければならなくなることをいいます。期限の利益の喪失事由としては、例えば次のようなものが記載されます。

① 保全処分または強制執行を受けたとき
② 破産または再生手続開始の申立てがあったとき

③　1回でも支払いを怠った場合

　保証人の立場は、基本的に借金をした本人の立場に付従する（同じようになる）ので、借金をした本人が期限の利益を失った場合、保証人についても、支払時期が到来したことになってしまいますので、注意が必要です。

2. 喪失をするタイミング

　期限の利益を喪失するタイミングの定め方にも2通りあります。

　1つが、喪失事由が発生した場合に、当然に（直ちに）喪失する場合です。そして、もう1つが、喪失事由が発生した場合でも、債権者の請求を待って、初めて期限の利益が喪失する場合です。

　この2つの定め方では、例えば、割賦払債務（毎月○万円返すなどの約束をした借金です）の場合の時効の起算点（時効期間の数え始めの時点）に違いが生じます。

　判例は、債権者の請求により初めて期限の利益が喪失する場合には、債権者が残債務全額の弁済を求めたときに限り、その時点から全額について消滅時効が進行するとしています。つまり、債権者が「全部払え！」と言ってきた場合には、その時点から時効期間を数えはじめますし、逆に、債権者が全部払えと言ってこなかった場合、もともとの各弁済予定日から、それぞれ時効期間を数えはじめます。他方で、当然に期限の利益が喪失すると定められている場合には、その期限の利益の喪失事由のあった時点から時効期間を数え始めます。

3. 催促の手紙を大切に

　期限の利益を喪失するか否かが債権者に委ねられている場合には、債権者からの「全額支払え！」との催促があったか否か（証明できたか否か）によって、時効が完成するか否かが変わってきてしまうことがあり

ます。

　債権者から借金をした本人に対して「全額払え！」との催促の連絡があったという話を聞いた場合、後々重要な証拠となる場合がありますので、念のためにコピー等をもらっておきましょう。

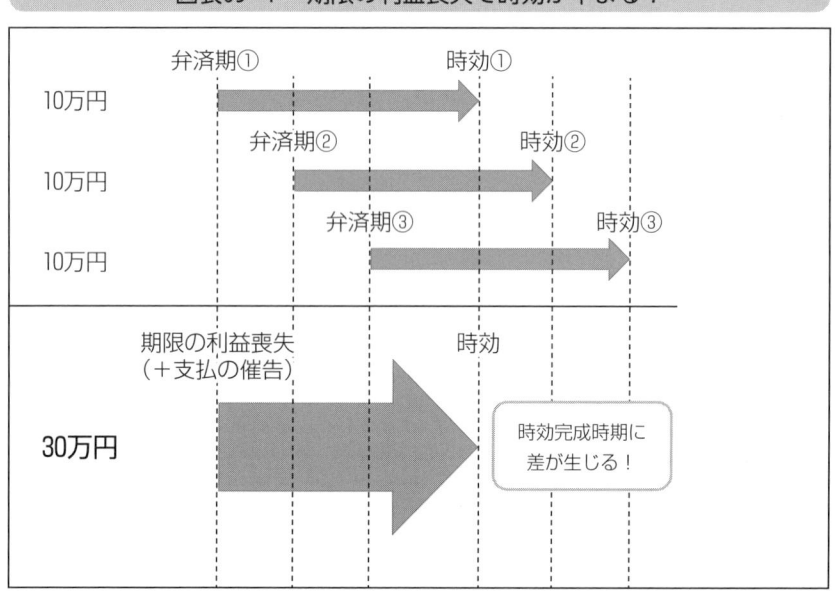

図表09-1　期限の利益喪失で時効が早まる！

10万円	弁済期① → 時効①
10万円	弁済期② → 時効②
10万円	弁済期③ → 時効③
30万円	期限の利益喪失（＋支払の催告） → 時効

時効完成時期に差が生じる！

10 「求償権」の意味

Question

保証契約の中に記載のある「求償権」とは、どのような意味ですか？

Answer

　求償権は、保証人が主債務者に代わって弁済した後の、保証人が主債務者に対して有する権利です。

1. 求償とは

　主たる債務者の委託を受けて保証をした保証人が主たる債務者に代わって弁済をしたり、その他自己の財産をもって債務を消滅させる行為を行った場合、その保証人は主たる債務者に対して、弁済にあてた金員の償還を求めることができます。これを、求償権といいます（改民459）。

2. 求償するためには

　原則として、弁済する前および弁済の後に、主たる債務者に通知する義務があります。この通知をしなかった場合、求償が制限されることがあります。これは、主たる債務者とほぼ同時に二重で支払うことを避けたり、主たる債務者が債権者に対して抗弁事由があるために弁済していなかったのであり、主たる債務者が抗弁事由を主張する前に、保証人から弁済されることを防ぐためです。また、事前ではなく、事後に通知を行った場合も求償が制限されることがありますので、注意が必要です（改民463）。

3. 保証人の求償権の範囲

　保証人が主たる債務者に対して求償できる範囲は、保証人が主たる債務者の委託を受けて保証した場合と主たる債務者の委託を受けず、自己の判断で保証した場合で、異なります。また、主たる債務者の委託を受けなかった場合は、主たる債務者の意思に反しない場合と主たる債務者の意思に反する場合で範囲が異なります（改民459以下）。

(1)　委託を受けた保証人

　債務を消滅させた出捐額、法定利息、回避不可能な費用、損害賠償額のすべてが求償の対象となります。

(2)　委託を受けない保証人

　ア　主債務者の意思に反しない場合（改民462①、459の2）
　　　主たる債務者がその当時利益を受けた限度となり、利息、費用、損害賠償額は含まれません。
　イ　主債務者の意思に反する場合（民462②）
　　　求償した時の主債務者に現存利益がある限度で求償できます。

4. 事前求償権について

(1)　委託を受けた保証人については、一定の場合において、弁済する前に、主債務者に対して、求償権を行使することができます。この一定の場合とは、以下の各事由に該当する場合です。
　ア　主債務者が破産宣告を受け、かつ債権者がその財団の配当に加入しないとき
　イ　債務が弁済期にあるとき（民460二）
　ウ　保証人が過失なく債権者に弁済をすべき旨の裁判の言い渡しを受

けたとき（改民460三）
(2)　事前求償権を行使された主たる債務者は、求償に応じた上で、債権者が全額の弁済を受けない間は、保証人をして担保を提供させ、または、保証人に対して自分を免責させるよう請求することができます（改民461①）。また、主債務者は、保証人に支払うべき金額を供託し、もしくは担保を提供し、または、保証人に免責を得させてその事前求償権の賠償の義務を免れることができます（改民461①）。

11 未成年の保証人

Question

自分の借金について未成年の子どもを保証人にしてもいいですか？

Answer

　未成年者であっても保証人になることができます。ただし、一定の場合を除き、法定代理人の同意が必要となります。

　また、未成年者と親権者の利益が相反するときは、裁判所から特別代理人を選任してもらうことが必要です。

1. 法定代理人の同意

　未成年者が保証人となる場合、未成年者保護のため、法定代理人の同意を得る必要があります（民5①）。法定代理人となるのは、原則的には未成年者の親権者、すなわち子の父母です（民818①）。親権は共同して行うのが原則なので、両親がいる場合は両親双方が同意する必要があります（民818③）。もっとも、両親の一方が共同の名義で未成年者の行為に同意を与えた場合、それが他方の意思に反するものであっても、契約の相手方がそれを知らなければ、その同意は有効となります。

　親権者がいないとき、または親権者が管理権を有しないとき、未成年者が後見開始の審判を受けたときは、未成年後見人が法定代理人となります。

2. 法定代理人の同意がない場合

　法定代理人の同意なく締結された保証契約は、親権者が追認すること

ができる時から5年の間（民126）、未成年者本人または法定代理人により取り消すことができます（民5②）。未成年者本人が取り消す場合、法定代理人の同意を得る必要はありません。

3. 債務者が親で、自分の未成年の子を保証人とする場合

　この場合、未成年者は、親の債務を担保することになるので、子どもの権利が侵害される可能性があります。一方で、親としては、自身の債務を支払うことなく、子どもに支払を押しつけて責任を免れることによって自分の利益を確保する可能性があります。

　このように、親と子どもの利益が相反する場合には、子の行う法律行為について裁判所から特別代理人を選任してもらい、その代理人が親権者の代わりに同意をすることになります（民826①）。

　親と子の利益が相反する場合に、親が行った法律行為は無効となります。

　債務者が親で、自分の未成年の子の連帯保証契約を子に代理して締結した場合、その契約は無権代理となります（最判昭和46年4月20日、最判昭和57年11月26日）。

　無権代理の場合、子が成人した後、自分の連帯保証契約を追認すれば、有効な保証契約となり、子は連帯保証人としての責任を負います。しかし、追認拒絶した場合、代理の効力は本人に及ばないので、子は連帯保証人としての責任を負わないことになります（民113①）。

4. 法定代理人の同意なく保証人となることができる場合

　未成年者でも、結婚していて法律上成人とみなされている場合（民753）、営利を目的とした継続的事業を行うことを法定代理人が認めている場合（民6①）は、法定代理人の同意なく保証人になることができます。

12 貸主の引継ぎ

Question

保証契約を結んだ時と違う人が、貸主だと言ってきているのですが、新手の詐欺ですか？

Answer

確かに、新手の詐欺の場合もあるかもしれませんが、貸主という立場（借金の返済を求める権利）を引き継いだ人かもしれません。法律上、一定の場合には、貸主という立場（借金の返済を求める権利）を、他者に引き継がせることが認められています。支払う前に、一定の場合にあたるかを確認しましょう。

1. 債権譲渡

法律上、借金の返済を受けることができる権利などの「債権」を他者に譲り渡すことができます。これを債権譲渡といいます。

この債権譲渡が行われた場合、もともとの借金の貸主とは別の者が、借金の返済を求めることができるようになります。この債権譲渡は、借金の貸主である人（「債権者」）と譲り受ける人との契約で行われるので、通常は、借金をした本人（「主たる債務者」といいます）や保証人の知らないところで行われてしまいます。

しかし、これでは、主たる債務者は誰に借金を返したら良いのかわからなくなってしまいます。

そこで、法律は、債権を譲り受けた人が、主たる債務者に、債権を譲り受けたことを認めさせる（法律上は、「対抗する」といいます）ため

には、一定の条件を必要としました。その条件というのが、「通知」または「承諾」です（改民467①）。

「通知」というのは、債権の譲渡があったことを伝える行為をいい、債権者を譲り渡した者（もともとの債権者）から、債務者に対してなされる必要があります。ここで、注意して欲しいのは、債権を譲り受けた人からの連絡ではダメだという点です。なぜならば、そのような通知を認めてしまうと、債権を譲り受けてもいないのに、譲り受けたと嘘をつくことができてしまうからです。

「承諾」というのは、債務者の側から、もともとの貸主、または、債権を譲り受けた人に対して、譲渡の事実があったことを認識していると伝えることをいいます。

2. 保証人への「通知」は不要

では、保証人に対しても「通知」をしたり、保証人から「承諾」を得たりする必要があるでしょうか。

残念ながら、主たる債務者に対してのみ「通知」をし、または、借金をした本人からの「承諾」があれば、保証人に対して「通知」等を行う必要はないのです。保証債務は、主債務の移転に伴い移転します（随伴性）。

そこで、もともとの債権者でない人から、借金の返済を求められた場合、主たる債務者に対して「通知」や「承諾」がなかったのかを確認する必要があります。

3. 譲り受けたという人が2人現れたら……

主たる債務者に対して確認したところ、「通知」があったということがわかっても、それで安心してはいけません。というのも、確認後、返済する前に、別の人が債権を譲り受けたと主張してきた場合、どちらが

真の債権者か争いになることがあるからです。

　法律は、この争いを解決するために、「通知」や「承諾」が「確定日付のある証書」によって行われることを要求しました（民467②）。「確定日付のある証書」というのは、若干難しいですが、公正証書や内容証明郵便などが具体例です。実際には、内容証明郵便での「通知」が行われることが多いです。「通知」が内容証明郵便で来ていないのであれば、注意しましょう。

4. その他の場合

　債権譲渡以外にも、組織再編（合併や会社分割）によって、契約時の会社の債権を別の会社が引き継ぎ、その引き継いだ会社から請求されることもあります（図表12-1参照）。また、企業の名前のみが変わり、最初の会社とは別の会社に見えることもあります。これについては、官報等で確認する方法もありますが、もともとの会社の連絡先に問い合わせてみるのが、手っ取り早い方法であるといえます。

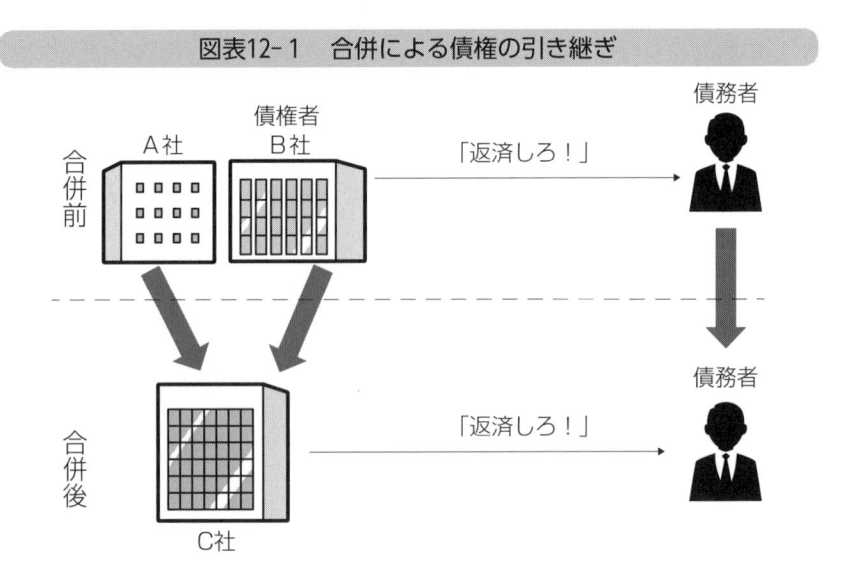

図表12-1　合併による債権の引き継ぎ

コラム　公正証書のメリットと作成手続

　公正証書とは、簡単に言えば、公証人が作成した書面です。

　公証人の多くは、裁判官や検察官を定年により退官した方で構成されています。公正証書は、このような法律のプロが作成した文書ですので、事実を証明するうえで、非常に有力な証拠となります。

　また、公正証書に「期限内に返済をしなければ強制執行を受けてもよい」という強制執行受諾文言を入れておけば、いざ、債務者が不払を起こしても、裁判等を経ることなく、直ちに債務者の財産に対する強制執行を申し立てることができます。公正証書には、このような強力な効力がありますので、債務者に対し確実に債務を履行するようプレッシャーをかけることができるというメリットもあります。

　さて、このような公正証書の作成手続ですが、まず、公証役場に電話をかけ、「公正証書を作りたい」と申し出たうえで、公証役場に文案を送付いたします。そうすると、多くの場合は、事務の方（書記と言われています）が必要書類等（多くの場合は本人確認書類、印鑑証明書、委任状、実印等となります）や手数料を案内してくれるうえ、公証人が、法律的に強制執行をしやすい文言に書き直してくれます。次に、証書の内容が確定した時点で、公証役場に出向きます。そうすると、公証人が、面前で文書を読み上げてくれます。内容に間違いがないことを確認したら、公正証書の原本に署名・押印いたします。事務の方に手数料を支払うと、公正証書の正本（原本と同一の効力を有するもので、強制執行を行う際に使用するもの）を交付してもらうことができます。

　もっとも、契約書の作成に不慣れな方でしたら、弁護士等の専門家に文案を作成してもらい、公証役場とのやり取りをお任せしてもよいかもしれません。

第 2 章

保証契約の成立

13 保証契約の成立要件

Question

親戚から絶対に迷惑はかけないから保証人になってくれと頼まれて、内容がよくわからない「金銭消費貸借契約書」と書いてある書面の連帯保証人欄に署名・押印してしまいました。私は連帯保証人としての責任を負うのでしょうか？

Answer

あなたが親戚の債務を保証するという意思が契約書（金銭消費貸借契約書）から読み取れますので、裁判になれば、連帯保証契約は成立したと認定される可能性が高いでしょう。もっとも、あなたが認知症や知的障害などにより契約内容の法律的・社会的意味を理解することができないなど、意思能力を欠いていると認められる場合には、保証するとの意思表示は無効となり、結局、保証契約は不成立であったと認定される場合もあると考えられます。

1. 連帯保証人の責任

あなたが親戚の連帯保証人となり、その親戚が弁済期に返済することができなかった場合には、あなたは債権者に対して、元本に利息や遅延損害金も含めた全額を直ちに返済する責任を負うことになります。

連帯保証人は単純な保証人とは異なり、まず先に主たる債務者に請求してくれ（催告の抗弁権）、あるいは、主たる債務者に先に強制執行をしてくれという権利（検索の抗弁権）がなく、債権者は主たる債務者、連帯保証人のいずれに対しても自由に債権全額を請求することができま

す。

　このように、連帯保証人の責任は大変重いものですので、親戚など第三者から絶対に迷惑はかけないから連帯保証人になってくれと頼まれても、連帯保証人になるかどうかは慎重に判断する必要があると言えます。

2. 保証契約の成立要件

　保証契約は債権者と保証人となる者との間の意思（意思表示）の合致によって成立します。ただし、保証人となる者に債務負担意思を明確に認識させて確認させるため、保証契約は書面によらなければ効力を生じないとされています（民446②）。

　この書面は、金銭消費貸借契約書と同一の書面によって保証する場合はもちろん、保証書など、別の書面を債権者に差し入れる方法であっても問題ありません。

　事例は、債権者と保証人となる者との間での保証契約が金銭消費貸借契約書という書面によってなされていますので、保証契約（連帯保証契約）は成立していると考えられます。

　あなたとしては、契約書の内容をよく読んでいなかった、保証するということはわかっていなかったと主張したいかもしれませんが、あなたに通常の判断能力があるのであれば、裁判ではほとんどの場合、契約書に記載された内容を理解した上で署名・押印したと認定されますので、このような主張は通らないと考えられます。だからこそ、重要な契約書に署名・押印する場合は、内容をよく確認した上で、慎重に判断する必要があります。

　もっとも、後述するように、認知症や知的障害のため、保証契約の社会的・法律的意味を十分に理解できないケースでは、保証するとの意思表示は無効になると考えられますので、このような場合には保証契約の不成立が認められるケースもあると考えられます。

14 偽造された保証契約書

Question

親が無断で契約書の連帯保証人欄に私の署名・押印をしてしまいました。このような場合でも私は連帯保証人としての責任を負うのでしょうか？

Answer

あなたに保証契約を締結する意思がなく、保証するとの意思（意思表示）とこれを承諾するとの意思の合致を欠くため、原則として保証契約は成立しません。

また、未成年の場合は原則として親の債務を保証することはできません（Q11参照）。

もっとも、あなたが、あなたに無断で代筆された連帯保証契約を後日追認したり、親があなたの代理人として保証契約を締結し、民法上の表見代理が成立する場合は、あなたに連帯保証人としての責任が生じる可能性があります。

1. 偽造された保証契約書の効力

前述したとおり、保証契約が成立するためには、保証する者と債権者の意思表示が合致する必要があります。しかし、事例では、保証人として記載された者ではない第三者である保証人の親が無断で署名・押印したケース（これを「偽造」と言います）ですので、保証する者と債権者との意思表示が合致していません。

よって、このような偽造のケースでは、保証契約は成立せず、原則と

してあなたは保証人としての責任を負いません。

2. 無権代理（代表）行為の追認

　もっとも、このような偽造された保証契約であっても、後日、あなたが、保証契約を追認した場合には、保証契約は有効になると考えられます（民113）。

　そのため、ある日突然、債権者から保証人になったか否か問い合わせがなされたような場合には、身に覚えがないのであれば、明確に保証人となったことはない旨回答する必要があると言えるでしょう。

3. 表見代理の成立

　また、あなたの親が、あなたの代理人として保証契約を締結していた場合、一定の要件を充たせば民法の表見代理の規定（改民109、110、112）により、あなたが保証人としての責任を負う場合が考えられます。

　例えば、あなたが知人に実印と印鑑証明書を交付し、知人がその実印と印鑑証明書を悪用して無断であなた名義の保証契約を締結した場合、債権者から見ると、あなたが知人に保証契約締結の代理権を与えたと考えるのが通常ですので、このような場合は、債権者の信頼が保護され、改正民法第110条が規定する「正当理由」が認められるため、あなたが保証人としての責任を負うことになります。

4. 正当理由を否定する事情

　もっとも、改正民法第110条の正当理由は、単に第三者が実印を所持していたという事情だけで当然に認定されるわけではありません。

　保証内容が本人に著しく酷なものであったり、代理人と本人との間に夫婦・親子関係があるなど、実印を悪用することが容易なケースでは、債権者に本人に対する意思確認義務が認められ、債権者がこの本人に対

する意思確認を怠っていたような場合には正当理由が否定されることもあります。

　また、債権者が金融機関であった場合には、代理権の存在を特別疑う事情がなかったとしても、原則として本人の意思確認をする義務が生じると考えられます。金融機関は金融取引のプロであり、一般の債権者に比してより高度な注意義務が課されていると解されているからです。

　したがって、債権者が金融機関であり、保証人本人に対して保証意思の確認が行われなかったようなケースでは、仮に、あなたの親が、あなたの実印を押印して保証契約を締結したとしても、表見代理の成立は否定されることになります。

15 書面での意思表示

Question

　知人から頼まれて、知人が債務を負っていることの確認をする旨の念書に署名・押印をしたところ、後日、債権者から保証人として債務を履行するよう請求されてしまいました。念書には知人の債務を保証するとは記載していないのですが、この場合でも私は保証人としての責任を果たさなければならないのでしょうか？

Answer

　保証契約は書面によらなければ、その効力を生じません（民446②）。問題はこの書面がどのようなものであれば保証契約成立要件としての書面として足りるかですが、裁判例によれば、保証人となろうとする者が保証契約書の作成に主体的に関与したか、保証債務の内容を十分認識し、理解した上で債権者に対して書面で明確に保証意思を表示した場合に限って効力が認められるとされています。

　事例は、あなたが保証契約書の作成に主体的に関与したケースとは考えられませんし、書面自体も、あくまで知人が債務を負っていることを確認するもので、あなたが債務を保証する趣旨の記載はどこにもないと考えられますので、このような書面の記載であれば、あなたが保証人としての責任を果たす必要はないと考えられます。

1. 保証契約の書面性

(1) 平成16年民法改正

　保証契約は従来何らの様式も必要としないとされていましたが、保証

人は重い責任を負うことから、保証人に債務負担意思を明確に認識させて確認させるため、平成16年の民法改正により、「保証契約は、書面でしなければ、その効力を生じない。」と規定されることになりました（民446②）。

(2) 書面の要件

　前述のとおり、この書面は、主たる債務と同一の金銭消費貸借契約書に保証人が署名・押印する方法でも構いませんし、金銭消費貸借契約書とは別の保証書などを債権者に差し入れる方法であっても構いません。

　問題は、書面の内容としてどのような内容が記載されていれば保証契約が有効に成立するかですが、この点について述べた裁判例では、「保証人となろうとする者が保証契約書の作成に主体的に関与した場合その他その者が保証債務の内容を了知した上で債権者に対して書面で明確に保証意思を表示した場合に限り、その効力を生ずる」とされています（東京高裁平成24年1月19日判決、金融法務事情1969号100頁）。

　これを事例についてみると、事例では、あなたは知人が債務を負っていることの確認をしただけですので、あなた自身が保証契約書の作成に主体的に関与したとは言えないでしょう。また、あなたが債務を保証するという趣旨の記載も一切ないことからすると、少なくとも、あなたが保証債務の内容を十分理解した上で、債権者に対して書面で明確に保証意思を表示したとは言えないと考えられます。

　よって、このような書面は保証契約成立要件としての書面としては足りず、保証契約は成立しないと考えられます。

16 法律行為の重要な部分の錯誤

Question

親しい親戚から連帯保証人になるよう依頼され、契約書の連帯保証人欄に署名・押印しましたが、後日、空欄だった主債務者欄に別人の署名・押印がなされていることが判明しました。このような場合でも私は連帯保証人としての責任を果たさなければならないでしょうか？

Answer

　一般に自分が保証する主債務の債務者が誰であるかは、保証契約を締結するか否かを判断する上で重要な情報ですので、この点に錯誤があった場合には要素の錯誤として保証契約は民法上無効となると考えられます（改民95）。

1. 錯誤無効

　法律行為の重要な部分（これを「要素」と言います）に錯誤があった場合、その法律行為は無効となります（改民95）。

　保証契約において、主たる債務者が誰かという問題は、後日、自らが債務を履行するおそれがどの程度あるのか、仮に、自らが債務を履行した場合、主たる債務者に求償をすることになりますが、その際、回収可能性がどの程度あるかを判断する上で、保証人にとって極めて重要な情報と言うことができます。

　したがって、主たる債務者が保証人が考えていた主たる債務者と別人であった場合は、法律行為の重要な部分に錯誤があると言えますので、原則として保証契約は無効となります。

これに対して、主たる債務者に十分な資力があると思って保証契約を締結したが、後日、主たる債務者に全く資力がないことが判明したような場合は、その主たる債務者の債務を保証するという法律行為の重要部分に錯誤はなく、単に、主債務者に十分な資力があるから保証契約を締結しようという動機に錯誤があるに過ぎないため、このようなケースでは、原則として錯誤無効は認められません。例外的に、このような動機が債権者に表示され、そのことを債権者も十分認識していたケースであれば、動機も意思表示の内容となっていることから、錯誤無効の主張が認められることになります。

また、改正民法では、事業のために負担した主債務について保証をする場合、主債務者は保証人になろうとする者に対して財産状況等の情報を提供する必要があります（改民465の10）。

2. 民法第95条ただし書

ただし、法律行為の要素に錯誤があったとしても、それだけで当然に法律行為が無効となるわけではありません。意思表示をした者に重大な過失がある場合は、錯誤による意思表示の無効を相手方に主張することはできません（改民95ただし書）。

重大な過失があるか否かは、具体的事情に基づいて判断せざるを得ませんが、事例の主たる債務者を誤認したようなケースでも、あなたに重大な過失が認められる場合には、債権者に対して、錯誤による保証契約の無効を主張できなくなります。

17 保証人の資格

Question

認知症の父や知的障害のある親族でも保証人になることはできますか？その他、保証人の要件などありますか？

Answer

　民法上、保証人の資格を一般的に制限する規定はありませんが、有効に意思表示をする能力（意思能力）を欠く者の法律行為は無効と解されますので、認知症や知的障害のため、保証人になることの社会的、法律的意味を理解する能力を欠いている場合には、保証人となることはできません。

　保証人の要件については民法に規定があります（民450）。

1. 意思無能力

　民法上、明文規定はありませんが、有効に意思表示をする能力（意思能力）を欠く者がした法律行為は無効と解するのが判例・通説です。

　したがって、認知症や知的障害のため意思能力を欠く者が保証契約を締結したとしても、無効となりますので、その意味で、認知症や知的障害のため意思能力を欠く者は保証契約を締結することができません。

2. どの程度で意思無能力となるか？

　もっとも、認知症や知的障害と言っても、その症状は様々ですので、認知症や知的障害があれば当然に保証契約を締結するだけの意思能力を欠いているとは言えません。認知症や知的障害の程度が軽く、契約内容を十分に理解できる場合には、保証契約も有効とされる場合がありま

す。

　実際に裁判になった場合には、認知症や知的障害の症状の程度、契約内容、契約締結時にどの程度の説明がなされたかなど様々な事情を総合的に考慮して、契約締結時に保証人になることの社会的、法律的意味を理解する能力があったかどうかが判断されることになります。

　この意思無能力かどうかの判断は一般の方には難しい側面がありますので、実際に認知症や知的障害を有する方が保証人となる必要がある場合には、事前に弁護士など専門家によく相談すべきでしょう。

3．保証人の要件

　債務者が保証人を立てる義務を負う場合については、その保証人は、①行為能力者であること、②弁済する資力を有することが必要です（民450）。

　債務者が保証人を立てる義務を負う場合とは、契約上の義務などです。

　これらの要件を欠く場合には、債権者はこれらの要件を満たす人を代わりに保証人とすることを請求でき、債務を免れることができます。

18 他にも保証人がいるかどうか

Question

主債務者から頼まれて保証人となりましたが、主債務者から他にも保証人がいると言われていたのに、実際には保証人は私一人でした。この場合でも保証契約は成立しますか？

Answer

　保証契約は保証人と債権者との間に成立する契約であって、他にも保証人がいるかどうかという点が当然に保証契約の内容となるものではありませんので、原則として保証契約の成否に影響を与えないことになります。

　また、第三者（主債務者）の詐欺による取消も、債権者が詐欺の事実を知っていなければ認められないため、詐欺による取消も難しい場合が多いと思われます。

1. 錯誤

　保証契約を締結する際に、主債務者から他にも保証人がいると言われて、仮に主債務者の弁済が滞ったとしても、他にも保証人がいるため実際に自分が保証債務を支払う必要はないと誤信したような場合には、錯誤（改民95）により無効となるかが問題となります。

　他にも保証人がいると誤信したという事情は、保証契約を締結する際の動機に錯誤があったということになりますが、動機の錯誤の場合には、動機が意思表示の内容として表示されていなければなりません。

　また、動機が意思表示の内容として表示されていたとしても、錯誤に

より無効となるためには、錯誤の内容が「要素の錯誤」である必要があります。「要素の錯誤」とは、①その錯誤がなければ意思表示をしなかったという関係が認められ、②通常人の基準から見ても重要な部分についての錯誤であるということを意味します。

判例を見ても、保証契約は、保証人と債権者との間に成立する契約であって、他に保証人があるかどうかは、通常は保証契約をなす単なる縁由にすぎず、当然にはその保証契約の内容となるものではないとして、保証契約の成否に影響を与えるものではないとされています（最判昭和32年12月19日民集11巻13号2299頁）。

2. 第三者の詐欺

実際には保証人が一人であるにもかかわらず、主債務者から他にも保証人がいると言われて保証契約を締結した場合には、主債務者による詐欺（改民96②）にあたると考えられます。

しかし、詐欺による取消を無条件で認めてしまっては、保証契約の当事者である債権者が不利益を被ってしまうことになるため、民法上は、第三者が詐欺を行った場合には契約の相手方がその事実を知っていたときに限って取り消すことができるとされています。

ご質問の内容からでは債権者がどの程度事情を知っていたのかわかりませんが、主債務者と債権者が共謀していた等の事情が無い限り、詐欺による取消が認められる可能性は低いと考えられます。

19 闇金融への返済

Question

友人が闇金融から借金をする際に、私に無断で保証人にされてしまいました。私は闇金融に返済しなければならないのでしょうか？

Answer

闇金融からの借金は、元本も含めて返済する必要がありませんので、保証人も当然返済義務を負うことはありません。

1. 闇金融とは

出資法に定める上限金利を大きく超える高利の貸付を行う業者を闇金融といいます。

闇金融は、昼夜を問わずに自宅に押しかけたり、預金通帳やキャッシュカードを取り上げたりする等、過酷な取り立てを行うことが通常です。闇金融は、例えば10万円の貸付で3万円を利息として天引きして7万円を交付し、10日毎に3万円の利息を要求するなど、出資法に定める上限金利を大きく超える高利の貸付を行っています。

2. 闇金融からの借入

闇金融によるこのような貸付は、刑事罰の対象ともなっており、違法に金員を取得して多大な利益を得るという反倫理的行為に該当する不法行為の手段として行われているものであるため、利息だけではなく借り受けた元本も含めて返済する必要はないとされています（最判平成20年6月10日民集62巻6号1488頁）。

保証債務が存在するためには、主たる債務が存在することが必要であり、保証債務は主たる債務の負担の限度で存在するため、主たる債務について返済する必要がないのであれば、保証債務も返済する必要が無いということになります。

　また、無断で保証人にされてしまったということであれば、保証契約を締結する意思がなく、保証契約自体が成立していませんので、やはり返済する必要はないということになります。

　このようなケースで取立てを受けた場合にはすみやかに警察や弁護士に相談したほうが良いでしょう。

20 主債務者の情報提供義務

Question

　知人が事業を起こすことになり金融機関から借入をするために、絶対に迷惑をかけないからということで保証人になって欲しいと打診されました。借入先の金融機関に対しては知人の返済能力が不安だということは言っていましたが結局保証人となってしまいました。知人が支払わなかった場合、私が支払うことになるのでしょうか？

Answer

　あなたが保証人として知人の方が支払うことができなくなった場合、あなたが支払をする必要があります。しかし、主債務者である知人が、あなたに対して適切な説明をせず、誤った説明をしていた場合、そのことを金融機関が知っていたか知り得た場合は、保証契約を取り消すことにより、支払をしなくても済みます。

1. 保証人の責任

　あなたが知人に頼まれて知人が金融機関から借入をするための保証人となった場合、その知人が金融機関へ返済をできなくなれば、あなたが支払う必要があります。金融機関から保証人として支払を請求された場合は、金融機関に対して、まず、主たる債務者であるあなたの知人に催告するように請求することや、その知人に支払能力があることを証明して自分が知人に支払わせるようにすることができます（民452、453）。もっとも、あなたが単なる保証人ではなく連帯保証人となっている場合には、金融機関はあなたの知人の資力に関係なくあなたに請求すること

56　第2章　保証契約の成立

ができます（民454）。

2. 情報提供義務

　事業のために負担する債務を主債務とする保証を行おうとする場合、財産や収支の状況、主債務以外に債務があるか等を正確に把握することができず、保証人は予想に反して大きな保証債務の履行を求められることがあります。そのため、保証人となるときは財産や収支の状況、主債務外に債務があるか否か等を正確に把握することが保証人となるために重要となります。

(1) 主債務者の情報提供義務

　保証人となろうとする者には調査能力に限界があります。そこで、保証人にとなるための必要な情報を事前に保証人に知らせておくことが重要となります。そのため民法の改正に伴い、保証契約締結時に主たる債務者は保証人となろうとする者に対して情報提供義務が課されるようになります。民法第465条の10第1項により、主たる債務者は、保証人となろうとする者に対し、保証契約締結時に、自己の財産及び収支の状況（第一号）、他の債務の有無や額及び履行状況（第二号）並びに主たる債務の担保として他に提供するものの有無や内容等（第三号）に関する情報を提供する義務することが義務付けられました。

(2) 違反の効果

　主たる債務者が、これらの情報を提供せず、または事実と異なる情報を提供したことによって、保証人予定者がその情報を誤認して、保証契約を締結した場合、これらのことを債権者が知り、または知ることができた場合は、保証人による保証契約の取消しができることとされました（改民465の10）。債権者は、保証人からの取消しのリスクを回避するた

57

めに、この情報提供などに立会い、保証人に情報提供の有無及び内容について確認する必要性が増してくると考えられます。一方、保証人となろうとする者もこのような情報提供義務を利用して予想外の保証債務を負わないようにする必要があります。

21 債務の金額が不明な契約

Question

友人から保証人になるよう頼まれて、いくら借りるかわからないのに保証契約書に署名・捺印して友人に手渡してしまいました。友人が借りたお金は全額支払わなければならないのでしょうか？

Answer

保証契約において、保証人が保証する主債務の具体的な金額は非常に重要な内容であり、この点に錯誤があれば保証契約は無効になる可能性も否定できませんが、保証契約が有効に成立していると信じた債権者との関係もあるため、具体的状況にもよりますが、主債務者の債務の全額について保証債務を負担しなければならない場合が多いと思われます。

1. 錯誤

主債務者の債務の金額は、保証人が負担する保証債務と直接関連するため、保証契約にとっても重要な要素であると考えられます。

主債務者から十分な説明を受けないまま、主債務の金額が不明であるにもかかわらず保証契約を締結してしまい、主債務が想定していた金額を大きく超えるものであったというような場合には、保証契約が錯誤（改民95）により無効となる可能性があります。

しかし、保証契約において重要な要素である主債務の金額をよく確かめもせずに保証契約を締結してしまった保証人には、重大な過失があると言われても仕方のないことであり、この場合には錯誤を主張することができなくなります。

2. 代理人の権限外の行為

　また、一定の範囲内で保証債務を負担する意思があったのであれば、その範囲内で主債務者に保証契約を締結する代理権が与えられていたことになりますが、主債務者が代理権の範囲を越えて勝手に保証契約を締結してしまった場合には、代理権を有していない部分については本来保証人に保証契約の効果が及ぶものではありません。

　しかし、債権者は、仮に主債務者からの支払いが滞ったとしても、保証人に対して保証債務を請求することができると考えたからこそ、主債務者に貸付を行ったのですから、このように保証契約が有効に成立していると信じた債権者を無視することはできないため、債権者において代理人の権限があると信ずべき正当な理由があるときは、代理人の権限外の行為も本人である保証人に効果が及ぶものとされています（改民110）。

　正当理由があるか否かは、債権者が金融機関であるか、保証人の負担の大きさなどの具体的な事情から判断されますが、債権者において意思確認に必要な調査義務を尽くしていれば正当理由が認められることになります。

22 公正証書の作成義務

Question

　父の会社を引き継いだ兄から自分も保証人になるから弟である私にも保証人となるように頼まれました。私は、サラリーマンで父の会社のことは何もわからないまま兄に頼まれて金融機関から提出された保証契約書に署名押印をしてしまいました。妻から保証人となったことを責められていますが今更責任を免れることはできますか？

Answer

　民法改正後は、事業に係わる貸金等債務の個人保証については、原則として公正証書を作成しなければ保証契約は無効となります。ただし、あなたが会社の理事、取締役、執行役等である場合は、公正証書を作成しなくとも保証契約は有効となります。あなたは、会社の経営に関与しておらず、別の会社のサラリーマンであることから、公正証書を作成していなければ保証契約は無効となり、責任を負う必要はありません。

1. 公正証書の作成と保証の効力

　中小企業等へ融資を行う金融機関からは事業のための融資について個人保証の要請が強い反面、事業のために借入のために、個人が保証人となった場合、保証債務の額が多額となるため、保証人が責任追及を受けて破綻するなど深刻な事態が多数生じており安易に保証人とならないための施策が強く要請されていました。

　金融機関の要請と保証人の保護の観点から、事業のために借り入れた資金の返還に係わる債務を主たる債務とする保証については、原則的に

公正証書の作成義務が課され、保証人の自発的意思による保証か否かを確認し、これを行わなければ保証は無効とすることとなりました。

2. 公正証書作成手続の義務付け

　事業性の貸金等債務の個人保証については、保証契約締結の１か月前から締結の間に保証人予定者が保証債務を履行する意思を表示した公正証書を作成することが原則的に義務付けられ、これに反した場合には保証契約は無効とされます（改民465の２①）。

　保証人となろうとする者は、公証人に対して、主たる債務の債権者及び債務者、主たる債務の元本、主たる債務に関する利息、違約金、損害賠償その他その債務に従たるすべてのものの定めの有無及びその内容並びに主たる債務者がその債務を履行しないときは、その債務の全額について履行する意思（連帯保証人については、主たる債務者が履行をすることができるか他に保証人があるかどうかにかかわらず、その全額を履行する意思）を有していることなどを、口授する必要があります（改民465の６②一）。公証人は、保証人となろうとする者の口述を筆記して保証人となろうとする者に読み聞かせ、閲覧させ意思を確認する必要があります。保証人予定者は内容を確認した上で署名・押印する必要があります。

　保証人予定者の口授等は、代理人によって行うことはできないので、必ず保証人となろうとする者が公証人の面前で行う必要があります。保証人となる場合、自分の責任を良く理解した上で、公正証書を作成する必要があります。執行認諾文言を付した公正証書が作成される場合、保証人に重い責任が課されることになるので、注意が必要です。

3. 経営者保証における例外（改民465の９）

　事業の経営者等が事業に関する主債務の保証を行う場合、公正証書の

作成義務が課されていません。中小企業や個人事業主においては、経営と個人が分離されておらず、客観的な財務諸表の信頼性が十分ではなく、経営の規律維持の観点からも経営者等の保証の要請は否定できません。一方で、経営に関与する者に限定することで、経営者等は主たる債務者に関する情報を有しており、保証人の保護も図ることができます。公正証書の作成義務が課されない経営者等は以下のとおりです。

　① 主たる債務者が法人の場合の理事、取締役、執行役等
　② 主たる債務者が法人の場合の議決権の過半数を有する株主等
　③ 主たる債務者が個人の場合の共同経営者、主債務者の事業に従事している配偶者

なお、主たる債務者の配偶者については議論がありましたが、現状、「現に従事している配偶者」は経営者保証の例外として公正証書作成手続が義務付けられていません。

23 個人根保証契約の極度額の定め

Question

1 息子が大学に行くことになり大学に近いマンションを借りることになりました。私は息子の連帯保証人となったのですが、契約書上はすべての債務を負担するように読めます。どこまでの責任を負わなければならないのでしょうか？

2 私の経営する会社の事務用品、社用車のガソリン代等はクレジット決裁となっていますが、これについて代表者の私が保証することになっています。どこまでの責任を負わなければならないのでしょうか？　また、私の経営する会社は、商品等を仕入れるにあたり買掛で仕入れています。当該仕入先との契約書を見ると私が連帯保証人となっていました。継続的な仕入れに対してどこまで責任を負う必要がありますか？

Answer

あなたが息子さんのマンション賃貸の連帯保証人となる場合や、会社が継続的に商品を仕入れるための継続的に発生する買掛金債務や、継続的に給付を受ける事務用品や社用車のガソリン等のクレジット債務については、個人的に根保証契約を締結することになります。民法改正後は、書面または電磁的記録によって極度額の定めがなされていなければ、その根保証契約は無効となりますので、あなたは責任を負う必要はありません。

1. 個人根保証契約の極度額の要式性

改正前民法においても、個人の貸金等根保証契約に限って、保証人保護のために、極度額の定めの義務付けなどの規制が置かれていました（旧民465の2以下）。改正後民法においては、極度額の定めの義務付けが個人根保証一般に拡大されました（改民465の2）。

個人根保証の場合、極度額の定めがなければ、その保証契約は無効となります（改民465の2①）。また、個人根保証契約の極度額の定めは、書面または電磁的記録によって合意しなければその効力は生じません（改民465の2③）。

2. 個人根保証契約の例

改正前民法においては、個人の根保証契約について貸付等根保証契約に限って、保証人保護のための規制が設けられていましたが、改正民法により個人根保証一般に極度額の定めが義務付けられるようになりました。具体的な適用場面として以下の場合が考えられます。

① 不動産賃貸に係わる賃借人の債務（賃料債務、原状回復義務に基づく債務その他一定範囲に属する不特定の債務）

② 中小企業が継続的に給付を受ける、事務用品、社用車のガソリン代等に関するクレジット債務

③ 加盟店が信販会社との間でクレジットカード取引契約を締結する場合における加盟店が信販会社に負担する損害賠償債務

④ 中小企業が仕入れる商品の買掛金支払債務、その他商品やサービスの供給・提供を継続的に受けることによって発生する債務

⑤ 身元保証契約については、議論はありますが、被用者に生じた賠償義務を担保するする趣旨の保証阿、根保証の定義にあてはまるので、この規定の対象となる方向で解釈がされると思われます。

3. 家賃保証会社

　家賃保証会社とは、賃貸住宅の契約時に必要な賃借人の連帯保証人を代行する会社のことで、賃借人が家賃を滞納した場合、賃借人に変わって家賃保証会社が代位弁済を賃貸人に行うことになります。借主にとっては、何らかの事情で連帯保証人が立てられない場合でも、保証会社を利用して部屋を借りられる可能性があるというメリットがあり、貸主にとっては、借主の家賃不払リスクを軽減できるメリットがあると考えられています。

　家賃保証会社は、個人の連帯保証人の形骸化などの諸問題に対応し、近年では貸主及び賃貸不動産管理業者の家賃回収業務のアウトソーシングの面が強くなってきている。家賃保証会社に対する法規制はなく、野放し状態となっており、家賃の取り立てなど個々のトラブルが多発しています。

24 継続的な取引の保証

Question

当社の売掛金の支払いを継続的に取引先の社長に保証してもらうことになりました。どのような手続きが必要でしょうか？

Answer

通常の保証では、保証した時点ですでに発生している債務しか保証の対象とならないため、継続的な取引から生じる債務を保証するためには根保証契約を締結する必要があります。

また、根保証契約は書面で行う必要がありますが、可能であれば強制執行認諾条項を付けた公正証書によることをおすすめします。

1. 根保証とは

通常の保証は、保証した時点においてすでに発生している債務のみを保証することになりますが、これでは継続的な取引から生じる債務のすべてを保証することはできません（Ｑ７参照）。

根保証は、継続的な取引から生じる債務を保証するためのもので、主たる債務が消滅したとしても保証契約は消滅しないなど、通常の保証とは異なる保証契約です。

根保証契約は、書面により行う必要があり、主債務の元本、利息及び違約金や損害賠償のすべてを含む極度額を定めなければなりません。口頭での契約や極度額の定めがない場合は無効になります。また、契約において元本の確定期日の定めがなければ３年で元本が確定し、確定期日を定める場合も契約から５年以内としなければなりません。

2. 公正証書

　公正証書とは、公証人が公証役場において作成する公文書です。公文書なので、証拠としての価値が高いだけではなく、保証人が支払わないときは直ちに強制執行しても異議はないという特約（強制執行認諾文言）を入れておけば、訴訟を提起することなく保証人の財産について強制執行を申し立てることができます。

　すなわち、通常は債務者の財産を差し押さえたり、競売するためには、裁判所の判決を得ることが必要です。

　そして、裁判を提起して判決を得るにはある程度時間が必要ですし、敗訴してしまうリスクもあります。

　公正証書を作っておくことにより、これらのリスクを抑えることができます。

　根保証契約は、公正証書によって行わなければならないものではありませんが、公正証書を作成しておけば直ちに強制執行を申し立てることができるため、公正証書により契約を締結することをおすすめします。

25 主債務全額を支払う義務

Question

主債務者から頼まれて私と友人の二人が保証人となりました。私は債務を全額支払わなければならないのでしょうか。

Answer

保証の形が連帯保証なのか、そうでないかにより全額を支払う必要があるか、そうでないかが異なります。

連帯保証や保証連帯でなければ単純な共同保証という形態になるため、全額を支払う必要はなく、半分を支払えば保証債務を履行したことになります。

1. 共同保証人の支払義務

主債務ひとつに対して、保証人が複数人いる場合、相談者と友人のお二人は共同保証人となります。

共同保証人は、主債務を複数人で担保することです。共同保証にも幾つかの形態がありますが、単なる保証人が複数人いる場合の、共同保証の場合、各保証人は、債権者から保証債務の支払いを求められた場合でも、主債務の額を保証人の頭数で割った分しか支払う必要はありません。

これを分別の利益（ぶんべつのりえき）といいます（現行民法456、427)。

ご相談のケースで例えば主債務の額が1千万円だとすると、相談者とご友人は500万円ずつ債権者に支払えば保証債務を履行したことになるのです。

図表25　共同保証人の負担

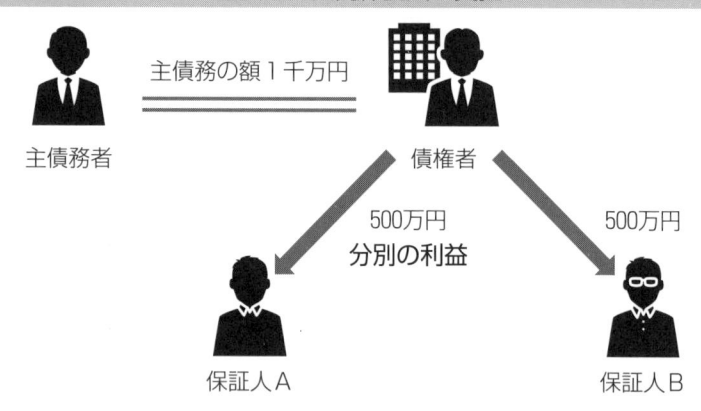

主債務者 ― 主債務の額１千万円 ― 債権者

債権者 → 500万円 → 保証人A
債権者 → 500万円 → 保証人B

分別の利益

　このように、共同保証は、各保証人の負担を軽くするものである一方、債権者としても、複数の保証人がいるために、主債務の支払いがなくなった場合のリスクを分散することが可能といえます。

　なお、共同保証人の一人が自身の負担額を超える額を債権者に支払った場合には、主債務者に対する求償の範囲が制限されることがあります（民465②、462）。求償とは、保証人が弁済を保証債務の支払いをした場合に、主たる債務者に対して支払分を請求することができる権利のことですが、別の項で詳しく説明します。

2．全額の支払義務を負う場合

　一方、共同保証の形態の中でも、上記の分別の利益を排除した共同保証があります。

　すなわち、共同保証人が数名いるが、分別の利益を特約で排除することができますので、その場合には、各保証人が主債務全額の支払い義務を負うことになります。

　これを保証連帯と言います。

　また、保証人が複数いる場合でも、各保証人が連帯保証契約を締結し

ている場合も、各保証人はそれぞれ連帯保証債務を負うので、各保証人は当然に主債務全額の支払い義務を負うことになります。

連帯保証と保証連帯は、同じもののように聞こえますが、保証連帯はあくまで通常の保証契約であるため、通常の保証と同じように、主債者に先に請求して欲しい（催告の抗弁権、民452）とか、主債務者に十分な資力があることを証明して（検索の抗弁権、民453）、支払いを免れることができます。

債権者としては、保証人はあくまで主債務の担保のために要請するものでするから、実務において単なる共同保証が用いられることは少なく、保証人が数名いる場合には、連帯保証人が数名いることの方が通常といえます。

保証人になる方からすると、複数の連帯保証契約が必要なのか、十分検討する必要があるといえるでしょう。

26 本人確認・保証意思の確認

Question

融資を依頼され、借主に保証人をつけるようお願いしたところ、借主が保証人の署名のある借用書を持参してきましたが、保証人に会わなくても保証契約は問題ないのでしょうか？

Answer

面前で自署をしてもらうことを原則として、運転免許証などの身分証明書などの写真付きの身分証明書などにより、本人確認をし、保証意思の確認をしておくことが重要です。保証人として署名した人が別人であった場合、貸主に過失が認められて保証が無効となることも考えられます。

1. 本人確認・保証意思の確認の必要性

保証をしてもらう場合、その人が真実保証人となる本人であるか、保証意思があるかを確認することが必要です。本人確認や保証意思の確認を怠り、本人ではなかったり、保証意思がなかった場合、保証契約が無効となりかねません。

また、事業に関する保証については、主債務者は保証人となろうとする者に対して適切な情報提供義務があり、主債務者が適切な情報提供を行わず保証人となろうとする者がこれを誤信していることを認識していた場合や認識できた場合は、保証契約は取り消されることもあり得ます。

2. 本人確認の手段

　本人であるか否かの確認は、運転免許証、健康保険証、国民年金手帳、パスポート、母子健康手帳、身体障害者手帳、外国人登録証明書、住民基本台帳カード（氏名・住居・生年月日の記載のあるもの）などの提示を受けて行います。

　保証人が本人であることの確認に加え、保証のリスクなどを認識した上で保証する意思があるのかを確認する必要があります。

　事業に係わる主債務を保証する場合は、主債務者に情報提供義務が課されており、これを適切に行っていなかったことを知っていたか知り得た場合には金融機関は保証契約を取り消されることとなります。そのため、主債務者が保証人となろうとする者に対して、適切に情報提供をしているかどうかを立ち会った上で保証意思を確認することが重要となります。

27 会社が保証人となる場合

Question

会社の役員の借入について、当該役員の会社が保証人となるといっていますが、会社に保証人になってもらうために必要な手続きはありますか？

Answer

会社の取締役の債務について、会社が保証する場合は、利益相反取引に当たりますので、株主総会において、当該取引について重要な事実を開示した上で、その承認を受けなければなりません。

1. 利益相反取引規制

取締役が自己または第三者のために株式会社と取引をしようとするとき、会社が取締役の債務を保証することその他取締役以外の者との間において株式会社と当該取締役との利益が相反する取引には、株主総会において、当該取引について重要な事実を開示してその承認を受けなければなりません（会356）。取締役会設置会社においては取締役会の承認が必要となります（会365①）。

これは、取締役が自己の地位を利用して、会社の利益を犠牲にして、自己または第三者の利益を防止するための規制です。

2. 規制の対象

(1) 直接取引

取締役が自己または第三者のため会社となす取引であれば、会社を代

表する者が同人であろうと、他の取締役であろうと、株主総会・取締役会の承認が必要となります。この規制は会社の利益を害さないようにする趣旨で設けられていますので、会社に損害が生じないような会社が取締役から無利息・無担保で貸付を受ける行為などは、承認は不要とされています。

(2) 間接取引

会社による取締役の債務の保証・債務引受・物上保証など会社・第三者間の取引であって会社の犠牲において取締役に利益が生じる形の行為についても、承認が必要とされています。取締役が代表取締役をしている他社の債務を会社が保証する場合も同様と考えられています。

3. 承認の手続き

株主総会の決議は普通決議によることとされていますので、出席株主の過半数の同意が得られればよいこととなります。利益相反取引の当事者である取締役が株主である場合でも、株主としての権利行使は可能です。ただし、取締役会設置会社においては、取締役会の承認が必要となり（会365）、この場合は利益相反取引の当事者である取締役の参加はできません（会369②）。この承認の手続きについては、個々の取引について個別的になされることが原則ですが、関連会社などの場合は包括的な承認も認められています。

なお、承認の際には、取引について重要な事実の開示がなされなければなりません。

4. 承認の効果

株主総会・取締役会の承認を受けた行為は有効となります。
違反して行われた場合については、違反行為については無効となりま

すが、第三者に対しては会社はその者の悪意を証明しなければ無効を主張することができないとされています。

コラム　保証の昔話

　保証の歴史を辿ると、古くは、旧約聖書に、保証人についての言及があるそうです。私は、聖書に明るくないため、理解に誤りがあるかもしれませんが、聖書に言及されている内容としては、安易に人の保証人になってはいけないという戒めらしいです。しかも結構な分量が割かれているそうです。このように、旧約聖書が安易に保証人になることを戒めているのは、保証人が何らの利益もなく、重い責任を課されるという過酷な制度であるという価値観に起因しているからでしょうか。

　このような価値観は、現代の民法学においても存在しているといえます。

　というのも、本来、保証という契約も個人の自由であり、私的自治の原則のもと、好きなように締結してよいはずです。しかしながら、法は、保証人の責任を主債務者よりも大きくならないように限定したり、書面によらなければ保証契約は無効であるとしたり、お節介なほどに保証人の責任を限定しようとしています。これは、保証という制度が、保証人に何らの利益がないにもかかわらず、一方的に重い責任を負わす制度であることを前提に、私的自治の原則を制限したものといえます。

　このような価値観は、日本においても、古くから存在したようです。

　古代においては、律令法において、「保人」という制度が定められておりました。「保人」とは、主債務者が逃げた場合や死んだ場合に責任を負わされることになる保証制度でした。ただ、この当時は、まだ法律による制限が完全ではなく、慣習法による「償人」という制度も存在していました。ちなみに「償人」は、主債務者が債務を履行しない場合に責任を負わされるという保証制度であったようです。

　その後、日本における保証制度は、「請人」と名前を換え、江戸時代になると「保証人」と呼ばれるようになったそうです。この江戸時代にあっては、キリシタンを禁じた関係で、借家人などの身元を保証するというニーズがあり、保証制度が発展したといわれています。

日本の保証制度は、このような歴史を経て発展してきたようです。
　ところで、アメリカには、保証人という考え方が馴染まないのか、アメリカには連帯保証という制度が存在しないらしいです。このような話はアメリカに限られず、日本のような保証制度は、珍しいとさえ言われています。
　このような日本の独自性は、江戸時代にキリシタンが禁じられ、保証人が重要視されたことに起因しているのでしょうか。
　法的観点から、歴史を追ってみるというのもなかなかに興味深いものです。

第3章

保証契約の履行

28 契約書の金額

Question

　元金1,000万円の債務について保証したつもりなのに、元金3,000万円の請求がきました。支払う必要はありますか？

Answer

　300万円を支払う必要があるかどうかは、事情によって異なります。1,000万円について保証をする契約を締結したのであれば、原則として3,000万円を支払う必要はありません。ただし、例外的に3,000万円を支払う義務が生じる場合もあります。

1. 保証契約の内容の確認する

　3,000万円を支払う義務が無い場合もありますし、支払う義務がある場合もあります。したがって、以下の点を確認する必要があります。
　保証は保証人と債権者との間の契約関係で、保証人の保証債務は、主たる債務者が債務を履行しないときに代わって履行するという内容の債務です（民446①）。
　したがって、保証人がどの程度の金額を支払わなければならないかは、保証人と債権者の契約内容によって決定されます。保証人と債権者が、1,000万円について保証をする契約を締結したのであれば、3,000万円の請求に応じる必要はありません。
　保証契約の内容に関して重要な証拠となるのは、いうまでもなく、保証契約書です（なお、2004年の民法改正により、保証契約は、締結に際し、書面を作成することが必要となりました（旧民446②））。したがっ

て、まずは、契約書等の書面の内容を確認してみる必要があります。

2. 保証債務を3,000万円とする契約書が作成されていた場合はどうなるか

　3,000万円の保証債務を内容とする保証契約書が作成されていた場合、どのように対処していけばよいのでしょうか。このような、契約書が作成されてしまった理由としては以下のものが考えられます。

(1)　保証人が保証契約書の記載を確認していなかったパターン

　主たる債務者から1,000万円の保証と聞いていたため、それを信じて契約書の記載を確認することなく、保証契約をしてしまった。後で、契約書を確認したら、保証債務の内容が3,000万円となっていた。

(2)　代理人が越権行為をしたパターン

　保証人は、主たる債務者等から、1,000万円の保証と聞いており、その金額で納得していた。そこで、保証人は、別の人（例えば、主たる債務者）に対し、保証契約を締結することについて代理権を与えたが、当該代理人は、3,000万円の保証契約に関する契約書に署名、押印をしてしまった（代理人が、代理人として、契約書に署名押印するパターンのほか、代理人が保証人名で署名押印するという、いわゆる署名代理のパターンがあります）。

(3)　契約書が偽造されたパターン

　主たる債務者から1,000万円の保証と聞いており、1,000万円の保証契約書に署名、押印したものの、例えば、債権者、主たる債務者等が保証契約書を偽造して、3,000万円とした。

　以上のうち、(1)の場合には、後から、「1,000万円の保証しかしていな

いはずだ」と主張を認めてもらうことは困難です。

　(3)の場合には、契約書が偽造されたことを立証できるのであれば、3,000万円の支払い義務を負うことはありません。

　(2)の場合に、保証人が、3,000万円の支払い義務を負うかは、事案によって異なります。代理人が3,000万円の債務について保証する権限がないにもかかわらず、3,000万円の債務について保証契約をしたのであれば、当該保証契約の効果は、原則として保証人に帰属いたしません。

　しかし、保証人が、代理人に対し、1,000万円の債務を保証することについての権限を与えており、それにもかかわらず、代理人が3,000万円の債務について保証契約を締結してしまった場合に、保証契約が有効になることがあります（すなわち、保証人が3,000万円を支払わなければならないこともあります）。債権者が、代理人に3,000万円の債務について保証契約を締結する権限があると過失なく信じた場合です（いわゆる、民法第110条の表見代理という制度です）。

　例えば、保証人が代理人に実印を預けていたため代理人が保証人の実印が押印された委任状（3,000万円の債務について保証することを委任する内容のもの）を偽造して、債権者に呈示したため、債権者が、代理人に3,000万円についての保証契約を締結する権限があったと信じた場合には、保証契約の効果が保証人に帰属し、保証人が3,000万円を支払う義務が生じる可能性があります。

29 裁判所からの呼び出しの無視

Question

主債務者が逃げてしまい、保証人として訴えられました。裁判所に行く義務はありますか？　裁判所に行かないとどうなりますか？

Answer

保証人として訴えられた場合、裁判所に出頭する義務があります。裁判所に出頭しなければ、裁判に負けて財産を強制的にとられてしまう可能性があります。

1. 訴訟を無視してよいか

債権者が、保証人を被告として、保証債務の支払いを求める訴えを提起したのであれば、保証人は、この訴えを無視するべきではありません。

保証債務の成立、保証債務の範囲等について、言い分がある場合、保証人は、訴訟の中で自分の言い分を主張する必要があります。保証人が、自分の言い分を訴訟で主張しなければ、裁判所は、債権者の言い分のみを聞いて、判決を下してしまうからです（法律的には債権者の主張を認めたことになってしまいます。民訴159、179）。後記のとおり、保証債務の支払いを命じる判決が言い渡され、その判決が確定した場合、債権者としては、当該判決を根拠として、強制執行を申し立てることもあります。

また、保証人として、債権者の主張を特に争う意思がない場合であっても、訴訟を無視して、何もしないというのは得策ではない場合が少な

くありません。

　裁判の期日に出頭することで、和解が成立するような事案もあるからです。例えば、保証債務を一括で支払うことが困難であれば、分割弁済を認めてもらったり、また、保証債務を減額してもらったりするなどの内容で、債権者と和解を成立させる余地もあるのです。

　したがって、保証人は、債権者に訴えられた場合、無視をせずに、出頭して対応していくべきです。なお、後記のとおり、通常訴訟の場合には、第1回目の期日に限り、答弁書を提出していれば、期日に出頭しなくても、答弁書記載どおりに主張したとみなされます（民訴158）。

2. 裁判はどのように進行するのか

　それでは、裁判はどのように進行するのでしょうか。一般の民事手続を例にとって説明します。

　保証人として訴えられた場合、訴状、証拠の写しなどとともに、口頭弁論期日（以下、「期日」といいます）の呼出状が届くと思います。この期日の呼出状に、第1回目の期日の日時や法廷の場所等が記載されていることが一般的です。

　第1回目の期日までには、保証人は訴状に記載された事実の認否、自己の主張等をまとめた答弁書を提出する必要があります。

　また、第1回目の期日の日時は、被告側の事情を聞かずに決定されてしまいます。そこで、被告は、答弁書さえ提出しておけば、第1回目の期日に欠席をする扱いが認められています。より正確にいいますと、第1回目の期日に欠席したとしても、答弁書に記載されたとおり主張したと認めてもらえるのです（ただし、この場合でも、欠席する被告は、事前に裁判所に、欠席する旨の連絡をすることが望ましいと思われます）。

　事実関係等に争いがない場合、第1回目の期日で弁論終結となり、判決日時が指定されることも少なくありません。一方、事実関係等に争い

がある場合には、期日を続行して、両者が主張、立証をしていくことになり、場合によっては、証人尋問、当事者尋問等を行うような事案もあります。

また、事実関係に争いがない場合、争いがある場合、いずれにおいても、状況に応じて、和解の話がされることがあります。裁判所が和解を勧めてくることもありますし、当事者の一方が和解の提案をすることもあります。

3. 裁判に負けてしまったらどうなるか

保証債務の支払いを命じる内容とする判決が言い渡されると、どうなるのでしょうか。

この判決が確定したり、あるいはこの判決が仮執行宣言付であったりした場合、当該判決は債務名義となります。

債務名義とは、強制執行によって実現されることが予定される請求権の存在、範囲、債権者、債務者を表示した公の文書のことです（民執22）。強制執行を行うには、この債務名義が必要です。確定判決、仮執行宣言付の判決があれば、債権者は、問答無用で、保証人の財産（不動産、銀行預金、給与債権等）に強制執行をすることが可能になります。したがって、敗訴判決を受けた債務者は、注意が必要です（なお、保証債務の支払いを命じる判決では、多くの場合、仮執行宣言が付されていると思います）。

また、保証債務の支払いを命じる判決が言い渡された場合、保証人としては、控訴して争うことも可能です。ただし、控訴期間が決まっておりますので、注意が必要です（判決書の送達を受けてから2週間の不変期間となっています（民訴285））。

30 内容証明郵便の扱い

Question

債権者である金融機関から、保証債務の履行請求の内容証明郵便が届きました。どうすればよろしいでしょうか。

Answer

内容証明郵便の文章をよく読んで事実関係を確認し、対策を立てる必要があります。

1. 文書を読んで事実関係を確認する

内容証明郵便の内容を確認したうえで、対策を練る必要があります。

まずは、内容証明郵便の内容を読んで、債権者が主張する内容の保証契約を締結したか確認をしてください。

保証契約を締結した記憶がない、あるいは保証契約の内容に誤りがあるということであれば、債権者に対し、その旨を主張していくことになります。

また、主たる債務者が弁済をしていたのであれば、保証債務も縮減しますので、主たる債務者に、その点を確認したほうがよいでしょう。

さらに、稀に、主たる債務、あるいは保証債務について、消滅時効の期間が満了しているケースもあります。このようなケースで、債務を弁済してしまうと、時効を援用することができなくなることがありますので、注意が必要です。また、時効期間満了が迫っている場合にも、債務を弁済することにより、債務の存在を承認したことになり（改民147③）時効の進行が中断してしまいますので、注意が必要です。

なお、時効期間は、商事行為によって生じた債権の場合には5年（商522等）、それ以外の場合は原則として10年です（改民167）。

2. 検索、催告の抗弁

内容証明郵便に記載された保証契約を締結したことに間違いがないということであれば、保証債務の支払い等について検討して、債権者と協議をする必要があります。

もっとも、仮に、連帯保証契約でない単純な保証契約の場合、保証人は、債権者に対し、まず主たる債務者に対し請求をするよう要求することができます（これを、「催告の抗弁」（民452）といいます）。また、保証人は、債権者に対し、主たる債務者に資力があり、かつ執行が容易であることを示して、債権者に対し、まず、主たる債務者に対し執行するよう求めることができます（これを、「検索の抗弁」（民453）といいます）。

3. 債権者との協議

債権者の主張する請求に間違いがなく、検索、催告の抗弁も行使した、あるいは行使しても意味がないということであれば、保証人は、保証債務を支払う義務があるということになります。直ちに、債権者が請求する金額を支払うことが困難であるということであれば、支払方法等について、債権者と協議をしていく必要があります。協議がまとまらなければ、債権者は、訴訟提起等をしてくることも考えられますので、注意が必要です（訴訟提起をされた場合については、Q29を参照してください）。

4. 補足（内容証明郵便について）

内容証明郵便は、「誰が、誰に対し、どのような内容の文書を出した

のか」という点について、日本郵便株式会社が証明することになる郵便です。

　内容証明郵便は、同時に書留の取扱いとしなければなりません。なお、内容証明の取扱いとするだけでは相手方に配達されたことまでの証明はできないので、配達証明も付けるのが一般的です。

　内容証明郵便は文書の内容についての証拠を残すという効果に加え、相手方に心理的圧迫を加える効果があるといわれています。

31 取締役の保証債務

Question

　私（А）は、中小企業の取締役を、昨年退任した者です。今年になり、金融機関から、1,000万円の保証債務の履行請求を受けたのですが、私は会社の借入金について個人保証をした覚えがありません。私はどうすればよろしいでしょうか。

Answer

　Аさんが会社の取締役であったからといって、当然に会社の借入金について保証債務を負うことにはなりません。ただし、契約書にご自身の署名・押印がされていた場合には、保証債務を負うことになる可能性が高いです。

1. 私的自治の原則

　私法上の（国家等の国家権力との間ではなく、私人同士の）法律関係については、個人が自由意思に基づき自律的に形成することができるという原則があります。したがって、会社の取締役といえども、当然に会社の借入金について保証債務を負うものではなく、原則として自らが保証人となることを約束し、その旨の書類に署名・押印した場合にのみ債務を負うことになります。

　そこで、本件では、まず、Аさん自らが個人保証をしたかどうかを確認するため、金融機関に、契約書の写しを送ってもらうとよいでしょう。

2. ご自身の署名・押印がされていた場合

　この場合に関し、「二段の推定」というルールがあります。これは、「文書中の印影が本人または代理人の印章によって顕出された事実が確定された場合には、反証がない限り、該印影は本人または代理人の意思に基づいて成立したものと推定するのが相当であり、当該文書は、民事訴訟法第326条（現、民訴228④）にいう「本人又ハ其ノ代理人ノ（中略）捺印アルトキ」の要件を充たし、その全体が真正に成立したものと推定されることとなるのである。」というものです（最判昭和39年５月12日民集第18巻４号597頁）。わかりにくいので、図で解説すると、以下のとおりとなります（図表31-1参照）。

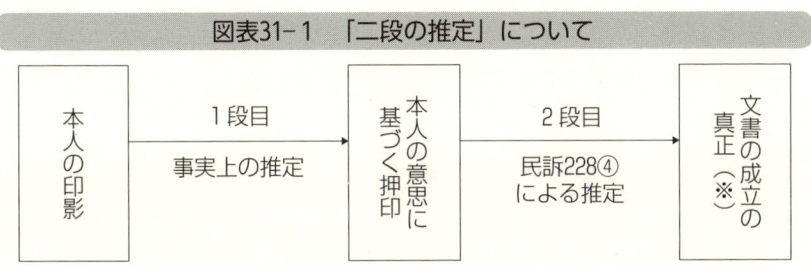

図表31-1　「二段の推定」について

本人の印影 →（１段目　事実上の推定）→ 本人の意思に基づく押印 →（２段目　民訴228④による推定）→ 文書の成立の真正（※）

（※）文書が、ある特定人の意思に基づいて作成されたこと（偽造でないこと）

　上記の表の「１段目」の推定は、「印鑑は他人に貸すものではない、軽々しく押すものではない」という経験則から導かれるものです。「２段目」の推定については、民事訴訟法第228条第４項が「私文書は、本人又はその代理人の署名又は押印があるときは、真正に成立したものと推定する。」と定めています。

　したがって、契約書にＡさんの押印がされていた場合には、その契約書がＡさん自身の意思に基づいて作成されたものと推定されますので、金融機関に、この推定を覆す事情があることを説明する必要がありま

す。

　「1段目」の推定を覆す具体例としては、当時印鑑を紛失していたこと、当時第三者に印鑑を預けていたこと、印鑑を保管していた場所を第三者も知っていて接近可能であったこと等が挙げられます。「2段目」の推定を覆す事情としては、押印した書面が当時は白紙であったこと、押印した後に改ざんされたこと等が挙げられますが、金融機関が相手の場合には、こういう場面は想定しがたいものと言わざるを得ません。

　このように、契約書に印鑑が押してあるということは、大変重い効果を生むことになりますので、このような事態が生じることのないよう、普段から、印鑑の管理は厳重に行っておかれるとよいでしょう。

3. ご自身の署名・押印がされていなかった場合

　この場合は、原則としてAさんが保証債務を負うことはありません。したがって、金融機関に、ご自身の署名や印章が、契約書にされているものと違うことを説明するとよいでしょう。

　ただし、金融機関は、保証人の方に、書面への自署や、実印の押印・印鑑証明書の添付を求めている場合が多く、この場合には、「実印は厳重に管理されていることが多い、印鑑証明書は原則として本人しか取得できない」という経験則も相まって、上記図表31-1のとおり推定されることになります。

32 合併後の保証債務

Question

主たる債務者である会社が合併しました。私の保証債務はどのようになるのでしょうか。

Answer

保証人は、合併後の新会社の債務も保証することになります。

1. 合併とは？

合併とは、二つ以上の会社が契約により、当事者となる会社の一部または全部が解散して、解散した会社の権利義務の全部について、清算手続を経ることなく、存続会社または新設会社に承継されるという制度です。

AとBという会社が合併する場合を例にとると、AとBいずれも解散して、A、Bを承継するC会社を設立する場合を新設合併といい、Aが解散して、BがAを承継する場合を吸収合併といいます（当然、Bが解散して、AがB承継するというパターンもあります）。

2. 合併が主たる債務に与える影響

合併により、契約等により発生する権利や義務は、すべて存続会社（吸収合併の場合）、新設会社（新設合併の場合）に受け継がれることになります。したがって、主たる債務者が合併により消滅をしたとしても、主たる債務者が負担していた債務は、存続会社や新設会社に引き継がれることになります。

図表32-1　新設合併と吸収合併のイメージ

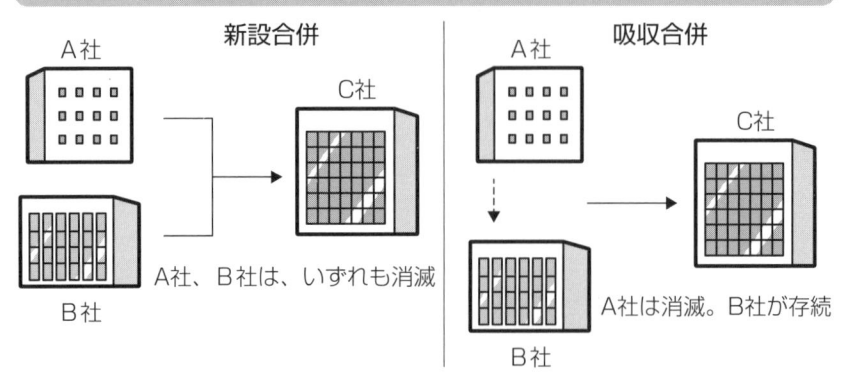

新設合併：A社、B社は、いずれも消滅（C社へ）

吸収合併：A社は消滅。B社が存続（C社）

3. 合併が保証債務に与える影響

　合併により主たる債務は、存続会社、新設会社に移転します。そうすると、保証人は、存続会社、新設会社の債務を保証するということになります（これを保証債務の随伴性といいます）。

　ただし、保証人としては、財務状態の良いA社の債務を保証したつもりであったのに、B社との合併により財務状態の良くない会社の債務を保証したことになる場合、保証をした時点では予測し得なかった不利益を被るおそれがあります。

　このような場合、事前の対応策としては、保証契約書上に、主債務者の合併を保証契約の終了事由と定めておくこと、事後の対応策としては、合併にあたって保証人の変更を申し入れることが考えられます。

33 事業譲渡後の保証債務

Question

主債務者である会社が主要事業を他の会社に譲渡いたしました。私の保証債務はどうなるのでしょうか。

Answer

図表33-1　事業譲渡のイメージ

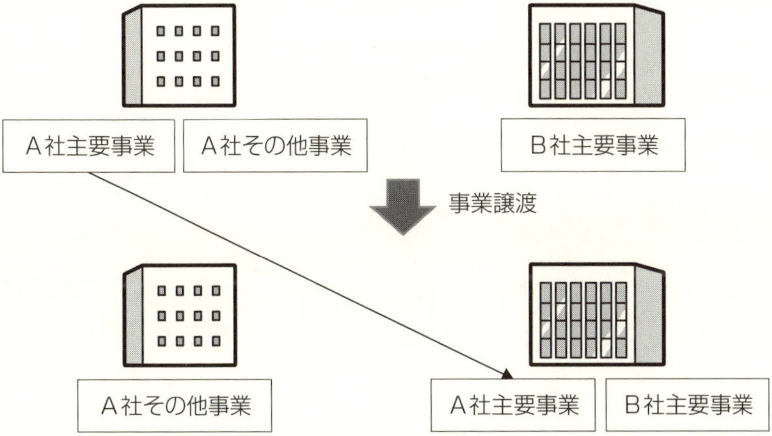

A社主要事業　A社その他事業　　　B社主要事業

事業譲渡

A社その他事業　　A社主要事業　B社主要事業

　会社の主要事業を譲渡することは、事業譲渡と呼ばれているものですが、会社の合併や分割とは異なり、元の会社はそのまま存続し、あくまでも事業だけが他の会社に譲渡されるだけです。そのため、いわば会社の組織的変更等が特にあるわけではありませんので、あなたの保証債務には影響がありません。引き続き、主債務者の保証債務が存続し続けるのが原則です。

1. 事業譲渡とは

　事業譲渡とは、「一定の営業目的のため組織化され、有機的一体として機能する財産（得意先関係等の経済的価値ある事実関係を含む）の全部または重要な一部を譲渡し、これによって、譲渡会社がその財産によって営んでいた営業的活動の全部または重要な一部を譲渡し、これによって、譲渡会社がその財産によって営んでいた営業的活動の全部または一部を譲受人に受け継がせ、譲渡会社がその譲渡の限度に応じ法律上当然に旧商法第25条（商15、21）に定める競業避止義務を負う結果を伴うもの」である（最判昭和40年9月22日民集第19巻6号1600頁）とされています。

　わかりやすく言うと、事業譲渡は特定承継の法律効果を発生させるために行われる取引行為ですので、譲渡会社と譲受会社との間の事業譲渡契約によって行われるのが一般的です。

2. 事業譲渡のメリットとデメリット

　事業譲渡を行うメリットは、会社間の合併に比べると柔軟性に富むことが挙げられます。例えば、必要な事業のみを取得することも可能ですし（合併では事業全部を引き継ぐため、不要な事業をも承継しないといけません）、他の手続に比べて、利用しやすいということが挙げられます。

　もっとも、譲り受ける事業や財産については、個別の権利移転行為や対抗要件を具備することが求められることがデメリットしてあります。

3. 保証債務との関係

　事業譲渡の法的性質を見ると、あくまでの会社の中にある一事業が移るだけになりますので、主債務者である会社は引き続きその債務を弁済

していく責任を負っていきます。

　そのため、保証人も事業譲渡の影響を受けずに、引き続き主債務者の債務を保証することになるのが原則です。

　もっとも、主要な事業が譲渡される場合、譲渡に伴って債権も譲り受け会社に移転する場合が多いです。その際には、債権は債権譲渡にて、債務は債務引受（多くは免責的債務引受として、債務が免除になります）にて個々に移転されます。

　譲り受け会社の債務について、免責的債務引受がなされる場合、従前ついていた保証や物上保証は保証人の承諾がなければ消滅します。そのため、事業譲渡に伴って債務も移転する場合には、あなたの保証債務も消滅することになります。

　ただし、実際には債権者が安易に保証人等の担保をなくすことに了承しないことも多いです。その場合には、債務者（譲渡会社）や譲受会社に新しい保証人を立ててもらうなどの依頼をして保証人を代わってもらう方法を検討しても良いでしょう。または、あなたの同意の上で譲受会社の債務の保証人として、引き続き残っていく方法も考えられるでしょう。

34 債務者が死亡した

Question

主債務者が亡くなりました。保証人が支払う必要がありますか？

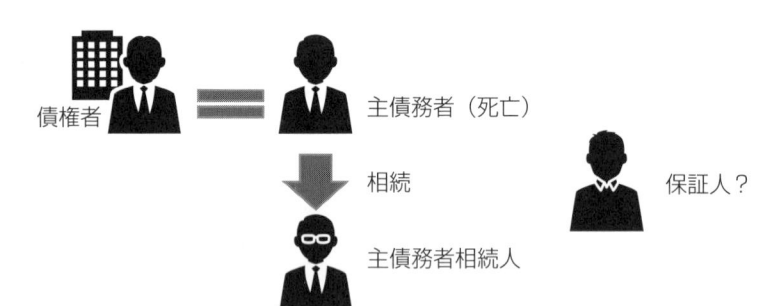

債権者 ＝ 主債務者（死亡）
↓相続
主債務者相続人   保証人？

Answer

　保証人は、主債務者と契約を結んでいるのではなく、あくまでも債権者と保証契約を結んでいます（改民446参照）。そのため、主債務者が亡くなったとしても、保証人の地位にすぐに影響が出るわけではありません。主債務者の地位を相続した相続人の保証人として、引き続き保証債務の責任を負っていくことになります。

　ただ、主債務者に相続人がいない場合などには、保証人しか債務を負う人がいなくなるので、保証人が支払う必要が出てきます。

1. 保証契約の性質

　「絶対に迷惑はかけません。保証人として、名前だけ貸してください。」こんな誘い言葉で、渋々保証人を引き受けることは、珍しくないのではないでしょうか。保証人になるというと、頼んだ方（一般に主債務者）との契約によって保証人になっているというイメージをしがちで

す。

> **図表34-2　保証契約の依頼**
>
> 保証人として、
> 名前だけ貸してください。
>
> 主債務者　　保証人

　確かに、主債務者から頼まれて保証人になった場合、一般には主債務者と保証人との間には保証委託契約が成立しています（保証人になることをお願いし、それを了承したという契約です）。そのため、保証人は債務が弁済期にある場合などには、自らが支払う前に事前に主債務者に請求することができます（改民460）。

　ただ、注意しなくてはいけないのは、あくまでも保証契約は債権者と締結していることです。保証契約は書面にて締結することが義務付けられ（改民446②）、その契約は債権者と保証人で交わされます。言い換えれば、債権者と保証人だけの契約になりますので（もちろん、どの債務についての保証かを明らかにするために、その限りで主債務者の存在は必須ではあります）、その契約には主債務者が出てきません。

　そのため、主債務者が亡くなったとしても、あくまで主債務者の地位が相続人に相続されるだけで、保証人には影響を及ぼさないことになります。ただ、主債務者が相続人なくして亡くなった場合などには、債務を負うのが保証人だけの状態となり、保証人が事実上支払いを負担する可能性もあります（もっとも、その場合でも相続財産より支払いはなされます）。

図表34-3　相続前後の相続人の地位

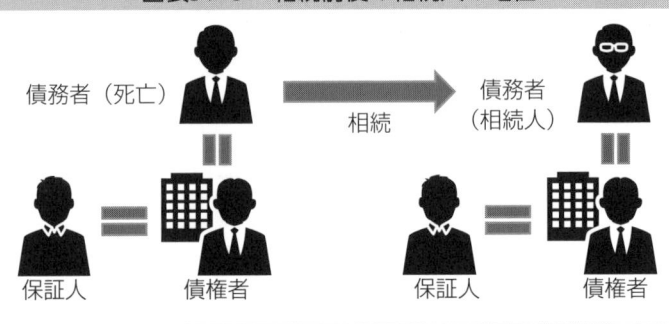

2. 主債務者の死亡と相続

　主債務者が亡くなると、相続人は、相続開始の時から、被相続人の財産に属した「一切の権利義務を承継する」（民896）とされ、かつ、金銭債務は可分なものなので、相続と同時に法定相続分に応じて相続人に相続されます。

　保証人であるあなたの責任も、その相続人毎に分割されることになります。そのため、保証人から見ると、（相続人が複数の場合は）主債務者が複数いることになり、それぞれの債務額に応じて保証人としての責任も分割された状態になります。

35 保証人が死亡した（相続が発生した）

Question

保証人となっていた父親が死亡しました。息子である私は、保証責任も相続するのでしょうか？

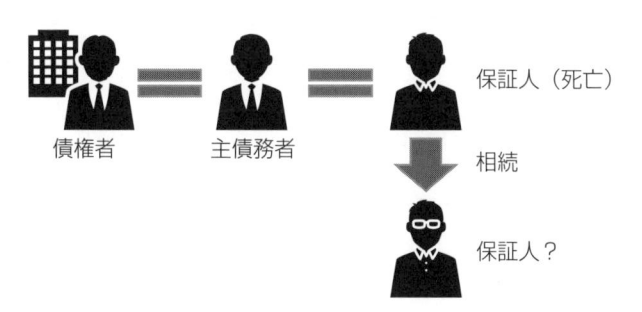

Answer

　父親が亡くなった場合、息子であるあなたには、相続が発生します。この相続については、民法第896条に「相続人は、相続開始の時から、被相続人の財産に属した一切の権利義務を承継する。ただし、被相続人の一身に専属したものは、この限りでない。」と規定されています。そして、この「一切の権利義務」に保証債務も含まれると理解されていますので、息子であるあなたは保証責任も相続するのが原則となります。ただし、「一身に専属したもの」は相続されません。つまり、相続されない保証債務もあります。そのため、まずは父親がどのような債務の保証人となっていたか、しっかりと確認しましょう。

1. 相続される保証責任

　人が亡くなると、相続が発生します。この相続では、「一身に専属し

たもの」以外、すべてが引き継がれることになります。被相続人が有していた預金、株式、不動産、債権、自動車等をも、すべてが対象になります。

ただし、例外として、「一身に専属したもの」という規定があります。「一身に専属したもの」とは、被相続人以外の人がその権利や義務を有しているのは適当でないような性質を有する権利や義務になります。具体的には、年金受給権、生活保護受給権、資格、離婚請求権などが挙げられます。

2. 相続されない保証責任

このように相続されない権利義務があるように、保証人の地位も相続されないものがあります。被相続人以外の人がその権利や義務を有していることが適当ではないような性質のものですので、債権者としても相続人に責任を追及しようとまでは考えない性質のものになります。

(1) 身元保証

身元保証とは、会社で働く従業員等が会社や雇い主らに与えてしまった損害の一切を負担する内容の契約がなされるのが一般です。

身元保証の内容は、保証の範囲が不明確で、場合によっては保証すべき範囲がとても広くなってしまう危険があります。そのため、自ら身元保証としてその責任を負担することを覚悟していた身元保証人（被相続人）であればやむを得ませんが、そうではない相続人にまでその大きな責任を負わせて良いかは慎重に考えなくてはなりません。

そのため、現在の通説、判例では、身元保証人の地位は相続されないと考えられています（大審院昭和2年7月4日判決、民集第6巻436頁）。

>
> **身元保証書**
>
> 株式会社〇〇〇〇
> 代表取締役　〇〇〇〇　殿
>
> 現住所　〇〇〇〇〇
氏　名　〇〇〇〇〇
〇〇年〇〇月〇〇日生
>
> 　上記の者（以下、本人という）が貴社に入社するに際して、私は、身元保証人として、本人が会社の就業規則その他諸規則を守り、忠実に勤務することを保証します。
> 　万が一、本人が故意又は重大な過失により貴社に損害を与えたときは、本人と連帯して賠償の責を負い、貴社にご迷惑はおかけいたしません。
> 　なお、本身元保証書の契約期間は、契約締結の日から5年間とします。
> 　　平成〇〇年〇〇月〇〇日
>
> 身元保証人住所　〇〇〇〇〇
身元保証人氏名　〇〇〇〇
（続柄　〇〇）
連絡先［電話番号］〇〇〇〇

(2)　根保証

　根保証とは、継続的な取引関係から将来生じる不特定多数の債務を主たる債務として保証するものです。例えば、継続して仕入れを行う（継続的な売買契約）ときに、買主が将来負うべき債務を保証する場合などです。

　この根保証についても、その限度額や期間について定まっていないものは、あまりに保証人の責任範囲が広くなりすぎる恐れがありますので、相続はされないと考えられています。

　逆に、限度額や期間が定まっていれば、相続人としてもどの程度の負

債を抱えるのか予測ができることから、そのような根保証も相続されると考えられています。

そして、新民法では、根保証は限度額の設定が必要となりました（Q40参照）ので、今後は相続されることになるでしょう。

36 遺産分割協議後に知った保証債務

Question

私（A）の父親が死亡し、最近、遺産分割協議を終えたところなのですが、その後、金融機関から、父が連帯保証をしていたとして3,000万円の支払請求を受けました。しかし、私たちは、父が連帯保証をしていたことを知りませんでした。私たちはどうすればよいでしょうか。

Answer

すでに遺産分割協議が行われている場合、「法定単純承認」にあたり、Aさんたちは、3,000万円の連帯保証債務も引き継ぐことになるのが原則です。ただし、一定の場合には、遺産分割協議が「錯誤」により無効として、「法定単純承認」にあたらないとされる余地があります。その場合には、限定承認または相続放棄を行うことにより、保証債務を相続しないか、一定の限度においてのみ相続することができます。

1. 相続の承認、限定承認、放棄

Aさんたちがお父様の相続人となった後、採りうる対応としては、以下の図表36-1のとおり、3つの方法があります。

相続人の方は、自己のために相続の開始があったことを知ったときから3か月以内に、相続について、単純承認、限定承認、相続放棄のいずれかをしなければなりません。ただし、この期間は、家庭裁判所に請求することにより伸長することができます（旧民915①。実務上は、3か月伸長してもらえる場合が多いです）。

お父様のプラスの財産がどれくらいあったかにもよりますが、Aさん

105

図表36-1　相続人の対応方法

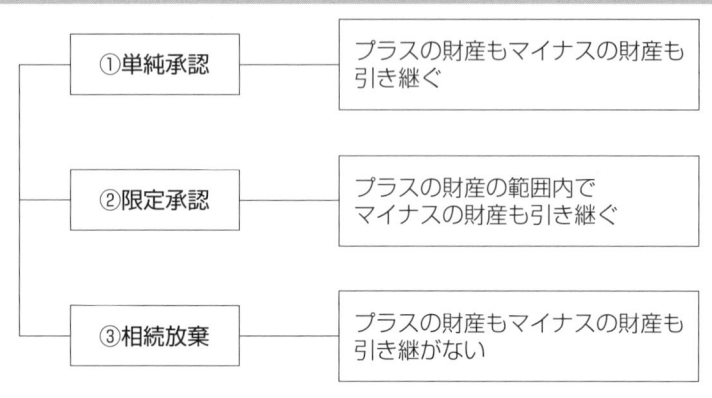

- ①単純承認 ── プラスの財産もマイナスの財産も引き継ぐ
- ②限定承認 ── プラスの財産の範囲内でマイナスの財産も引き継ぐ
- ③相続放棄 ── プラスの財産もマイナスの財産も引き継がない

も、遺産分割協議より前に、お父様が3,000万円もの連帯保証債務を負っていることを知っていれば、②限定承認または③相続放棄もご検討されたであろうと考えられます。

なお、限定承認は、相続人が数人あるとき、共同相続人の全員が共同してのみすることができるとされていますので、注意が必要です（旧民923）。

2. 法定単純承認

法的安定性の見地から、一定の場合には、当然に①単純承認したものとして扱うという制度があります（「法定単純承認」といいます（民921））。法定単純承認が成立すると、相続放棄や限定承認をすることができなくなってしまいます。この法定単純承認は、以下の場合に成立します。

- ・相続人が相続財産の全部または一部を処分した場合
- ・相続人が相続開始を知った時から3か月以内に相続放棄または限定承認の手続きをしなかった場合
- ・相続人が相続財産の全部または一部を隠匿・私かにこれを消費・悪

意で相続財産の目録中に記載しなかった場合

　ここで、Aさんたちが行った遺産分割協議も法定単純承認に当たるかが問題となりますが、大阪高等裁判所平成10年2月9日決定は、「相続人が他の共同相続人との間で遺産分割協議をした行為は、相続人が相続財産につき相続分を有していることを認識し、これを前提に相続財産に対して有する相続分を処分したものだから相続財産の処分行為と評価することができ、法定単純承認事由に該当するというべきである」と判断しています。

3. 遺産分割協議の錯誤無効

　錯誤とは、簡単に言いますと、意思表示をした人の内心と、表示した法律行為との間にずれが生じている場合のことをいいます。法律行為の要素（すなわち重要な部分）について錯誤があった場合、その意思表示は無効となります（旧民95本文）。

　ここで、Aさんたちも、3,000万円の連帯保証債務について知っていれば遺産分割協議を行わなかったという事情があれば、遺産分割協議が錯誤により無効と判断され、法定単純承認の効果が生じない余地があります。先ほどご紹介した平成10年の大阪高裁決定も、「相続人が、多額の相続債務の存在を認識しておれば、当初から相続放棄の手続きを採っていたものと考えられ、相続人が相続放棄の手続きを採らなかったのは、相続債務の不存在を誤信していたためであり、被相続人と相続人の生活状況、他の共同相続人との協議内容の如何によっては、本件遺産分割協議が要素の錯誤により無効となり、ひいては法定単純承認の効果も発生しないと見る余地がある。」と述べています。

　実務上、このような主張をする場合には、家庭裁判所に対して、改めて限定承認または相続放棄の申述を行い、それに合わせて「遺産分割協議が無効である」との上申書を添えることになりますが、決して簡単な

問題ではありませんので、弁護士等の専門家に相談されることをお勧めいたします。

4. ③相続放棄をした場合

その後、改めて相続放棄の申述をした場合には、マイナスの財産も引き継がないことになりますので、Aさんたちは、お父様の連帯保証債務を相続することはありません。

5. ②限定承認をした場合

ただし、お父様の唯一の財産が持家で、Aさんたちがその持家に居住しているような場合に、プラスの財産も引き継がない③相続放棄を選択することは難しいものと思われます。そのような場合に使えるのが、②限定承認です。

②限定承認を行えば、Aさんたちは、3,000万円の連帯保証債務について、プラスの財産の範囲で引き継ぐことになりますので、例えば、お父様のプラスの財産が1,000万円しかなかった場合には、その金額の限度で金融機関に支払いを行えば足りることになります。

また、プラスの財産が不動産だけであったような場合、その不動産を幾らと評価するかが問題となりますが、不動産の権利関係、現況等によって評価が変わってきますので、金融機関との交渉にあたっては、弁護士等の専門家に相談されることをお勧めいたします。

37 債務の履行状況

Question

　私は中小企業の社長をしている友人から頼まれてその会社の債務の保証人となっているのですが、その社長は、最近、銀座のクラブで豪遊していて真面目に仕事をしていないと聞いています。私がその社長に、最近業績はどうなのかと尋ねても、「大丈夫、大丈夫」とだけしか答えてくれません。主債務者である会社がきちんと債務を履行しているか、調べる手段はありますか？

Answer

　主債務者から頼まれて保証人となった者（法人か個人かを問わない）は、債権者に対し、主債務者の債務の履行状況などについて情報提供を請求することができます。

1. 主債務と保証債務は別個の契約

　保証とは、主債務者が債権者に対する債務の支払いができなかった場合に、保証人が主債務者に代わって支払いをするという、保証人と債権者との間の合意です（改民446）。

　保証人が主債務者から委託を受けて債権者との間で保証契約を締結する場合だけでなく、主債務者に黙って、あるいは主債務者の意思に反して保証契約を締結する場合もあります。しかし、いずれの場合も、主債務者と債権者との間の契約と、保証人と債権者との間の保証契約とが、別個独立の契約であることには変わりません。

　したがって、保証人は、主債務者や債権者に対して、主債務者の債務

の履行状況について当然には情報提供を請求する権利を有していないのが原則です。

2. 主債務の履行状況に関する債権者の情報提供義務

　改正後の新民法では、保証人を保護するため、①保証契約を締結する際、②保証契約の継続中及び③主債務者の支払いが滞るなどして主債務者が期限の利益を喪失した場合の３つの場面において、主債務者や債権者に情報提供義務が課されることになりました（後記図表38-１参照）。

　そのうちの１つ、②保証契約の継続中の情報提供義務が、主債務の履行状況に関する債権者の情報提供義務です（改民458の２）。

　これにより、債権者は、保証人から、主債務の元本及び利息、違約金、損害賠償その他その債務に附随するすべてについて、①履行の有無（支払いをしているか否か）、並びに②これらの残額及び③そのうち弁済期が到来しているものの額について、情報を提供して欲しい旨請求があった場合は、これに回答する義務を負うことになりました。

　したがって、債権者が、保証人の請求に応じて主債務の履行状況について情報を提供したとしても、原則として主債務者に対する守秘義務に違反することにはなりません。

　なお、今回の改正では、保証人からの請求に対し債権者が主債務の履行状況に関する情報提供を怠った場合の罰則等は定められませんでした。

3. 情報提供の請求ができる保証人の範囲

　前述の主債務の履行状況に関する情報提供の請求は、保証人であれば誰でもできるわけではありません。

　債権者が主債務の履行状況に関する情報提供義務を負う保証人は、個人と法人の別を問わず、主債務者から委託を受けて保証人になった者に限られます。

したがって、主債務者に黙って債権者との間で保証契約を締結した保証人などは、債権者に対して主債務の履行状況について情報提供するよう請求することはできません。

38 遅延損害金の支払義務

Question

私（A）は友人の保証人となっていますが、私の知らない間に友人は夜逃げをしてしまい、いつの間にか保証債務に加えて遅延損害金が膨らみ、債権者から突然、遅延損害金を含む高額な保証債務の支払いを請求されました。私はすべて支払う必要はありますか。

Answer

原則としてすべて支払う必要がありますが、改正民法施行後は、主たる債務者の期限の利益喪失後、2か月以内に債権者からAさんにその旨の通知がなかった場合、期限の利益を喪失したときからその旨の通知をするまでに生じた遅延損害金を支払う必要はなくなります。

1. 原則

「保証債務は、主たる債務に関する利息、違約金、損害賠償その他その債務に従たるすべてのものを包含する」とされています（民447①）。

したがって、Aさんは、ご友人が延滞したことによる遅延損害金も含め、保証債務を負っていることになりますので、債権者にすべて支払う必要があるというのが原則です。

2. 情報提供義務

今般の民法改正で、保証人を保護するため、保証契約の進行段階に応じて、3種の情報提供義務が導入されることになりました（図表38-1）。

112　第3章　保証契約の履行

図表38-1　情報提供義務

①契約締結時	財産及び収支の状況等に関する情報提供義務（改民465の10）
②契約締結後	主たる債務の履行状況に関する情報提供義務（改民458の2）
③期限の利益	期限の利益喪失に関する2か月以内の通知義務（改民458の3）

3. 期限の利益喪失後の情報提供義務

　主たる債務者が期限の利益を喪失した場合に、保証人が知らないうちに、保証債務（主たる債務の遅延損害金）が膨張することを抑止するため、「主たる債務者が期限の利益を有する場合において、その利益を喪失したときは、債権者は、保証人に対し、その利益の喪失を知った時から二箇月以内に、その旨を通知しなければならない」との規定が設けられました（改民458の3①）。

　また、債権者がこの通知をしなかった場合、債権者は、保証人に対し、主たる債務者が期限の利益を喪失したときからその旨の通知をするまでに生じた遅延損害金（期限の利益を喪失しなかったとしても生じていたものを除く）にかかる保証債務の履行を請求できないとされました（改民458の3②、以上図表38-2）。

　ただし、これらの規定は、保証人が法人である場合には適用されません（改民458の3③）。

図表38-2　期限の利益を喪失した場合の情報提供義務

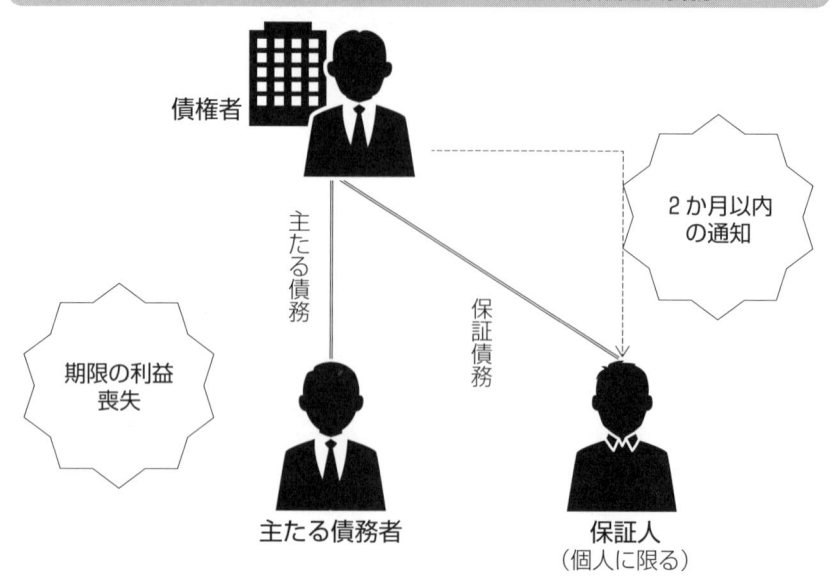

- 債権者
- 主たる債務者
- 保証人（個人に限る）
- 主たる債務
- 保証債務
- 2か月以内の通知
- 期限の利益喪失

39 保証人の財産の差押え

Question

　当社（X社）は、取引先（Y1社）と継続的取引の基本契約を締結しており、代表者（Y2）に、Y1社の当社に対する債務について連帯保証をしてもらっています。ところで、当社はY1社に対して売掛金があるのですが、Y1社は事実上廃業状態で、支払能力がありません。そこで、Y2氏に請求をしたいのですが、Y2氏は個人で株式投資を行って損をしているそうなので、できるだけ早くY2氏個人の財産を押さえたいと考えています。可能でしょうか。

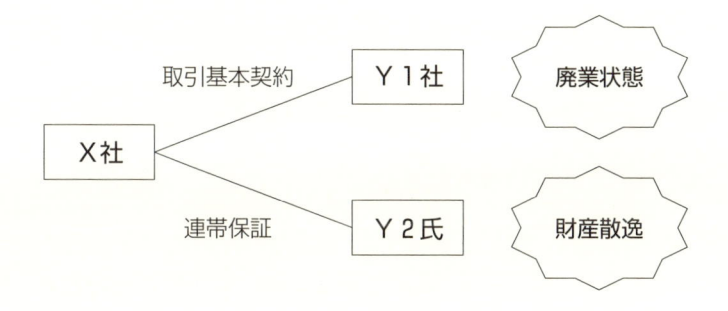

Answer

　財産を差し押さえるためには、確定判決等の書面（債務名義）が必要ですが、契約書があるからといって直ちに差押えができるわけではありません。ただし、確定判決を得るまでの間に、相手方が財産を散逸させることを防止するため、「仮差押え」という方法を採れば、相手の財産を仮に押さえることが可能です。

1. 相手方に対する確定判決等の書面（債務名義）が必要

　財産の差押えを行うためには、確定判決（差押えの相手方に対して支払いを命じた判決で確定したもの〔控訴や上告をされなかったもの等〕）、裁判所において差押えの相手方と和解した際の調書（和解調書）や、執行受諾文言付き公正証書（差押えの相手方と取り交わした公正証書で、不払があった場合に強制執行に服することを約束したもの）等の書類（これらを合わせて「債務名義」といいます。民執22）が必要です。

　したがって、Ｘ社は、Ｙ２氏の連帯保証条項が入ったＹ１社との取引基本契約書があるからといって、（取引基本契約書が公正証書によって作成されている場合を除き）直ちにＹ２氏個人の財産を押さえることができるわけではありません。

2. 確定判決を得るには時間が掛かる場合が多い

(1) 訴訟を起こしたらどうなるか

　差押えの相手方に対して確定判決を得るためには、訴訟を提起する必要があるのですが、訴訟を提起したからといって直ちに確定判決を得られるわけではありません。特に相手方がこちらの主張を争ってきた場合、確定判決を得るには相当時間が掛かる場合が多いです。そこで、訴訟を提起した後、早めに和解に持ち込んで和解調書を得る（裁判上の和解）という方法を採ることもあります（和解の場合、相手が任意に支払いを履行してくれる可能性が高いというメリットもあります）。

　また、相手がこちらの言い分をそれほど争ってこない場合には、簡易裁判所に「訴え提起前の和解」を申し立てるという方法を採ることもあります（民訴275の２）。

　ただし、裁判上の和解も、訴え提起前の和解も、いずれも相手が任意

に支払いをしてくれることを前提に行うものなのですが、残念ながら、形ばかり和解をしたものの約束どおり支払いを行わずに逃げてしまう人もいます。確定判決の場合も、残念ながら、判決に従わずに支払いを怠り、その間に財産を散逸させる人もいます。このような者を相手に強制執行を行ったとしても、結局、殆どお金を回収できずに終わってしまう場合が多いです。

(2) 支払督促の申立て

なお、簡易裁判所を用いて簡易迅速に債務名義を得る方法として、支払督促の申立てという方法もあります（民訴382）。相手方が支払督促の送達を受けた日から2週間以内に督促異議の申立てをしないとき、裁判所書記官は、債権者の申立てにより、仮執行の宣言をしなければならないとされており（民訴391①）、仮執行宣言付の支払督促も、債務名義になるとされています（民執22④）。

3. 財産保全手段としての仮差押え

上記2で述べたとおり、訴え提起によって確定判決を得たり、和解調書を得たりする場合、時間が掛かる場合が多く、この間に相手方の財産が散逸しては、せっかく確定判決や和解調書を得ても、強制執行が空振りに終わってしまう可能性があります。

そこで、訴えを提起する前に、相手方の財産を仮に差し押さえることができます（預貯金、不動産、動産等を対象とすることが多いです）。これを「仮差押え」（民保20）といいます（図表39-2）。

仮差押えを受けた債務者は、その財産を勝手に処分することができなくなりますので、できるだけ早い時期に仮差押えを行うことにより、相手による財産散逸を防止することができ、ひいては強制執行が空振りに終わるリスクを軽減することが可能となります。

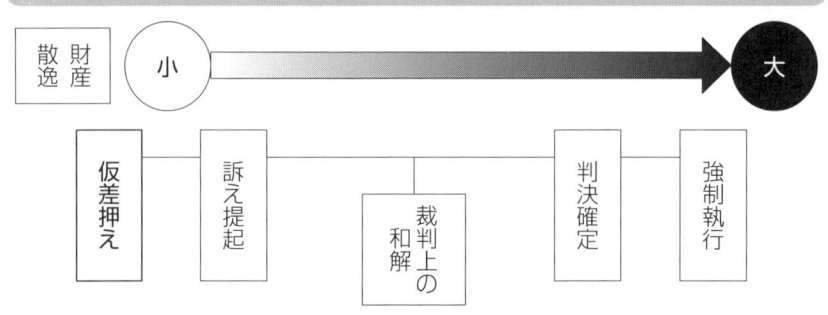

図表39-1　仮差押えの時期に関するイメージ

財産散逸：小 → 大

仮差押え → 訴え提起 → 裁判上の和解 → 判決確定 → 強制執行

　ただし、仮差押えはどのような場合にもできるわけではありません。保全すべき権利（被保全権利）が存在することにつき疎明（裁判官に、一応確からしいという心証を得てもらうこと）が必要なほか、保全の必要性（強制執行をすることができなくなるおそれがあること、または強制執行をするのに著しい困難を生ずるおそれがあること）が必要です。

　また、手続上の要件として、裁判所に担保金を積む必要があります（民保14）。このお金は、確定判決や、一定の文言（仮差押えを受けた相手方が担保の取消しに同意する旨の文言）の入った和解調書を得れば、いずれ戻ってくる性質のものですが、仮に差し押さえる財産の価格によって、一時的にそれなりの出費を要することになります。

　仮差押えを申し立て、裁判所からその旨の命令を得るためには、多くの専門的な手続きが必要となりますので、弁護士にご相談されることをお勧めいたします。

40 根保証契約の金額

Question

私はある債務を保証しましたが、当初聞かされていた金額からどんどん増えていきます。私はすべてを支払う義務がありますか？

Answer

継続的に発生する債務を保証する根保証契約では、契約締結時に書面等で極度額を定めることが求められ、この要件を欠いた根保証契約は無効になります。一方、有効に成立した根保証契約では、保証人が負う債務は契約で定めた極度額の限度に制限されます。

1．旧民法下での根保証の制限と改正の内容

　根保証とは、債権者と主債務者との間で継続的に発生する不特定の債務を包括的に保証することをいいます（根保証についてはQ35参照）。
　根保証では、保証人が保証契約締結時の予想を大きく超える債務を負うことになる可能性があることから、改正前の旧民法では、個人が、主債務に貸金等債務（金銭の貸渡しまたは手形の割引を受けることによって負担する債務）が含まれる債務を根保証しようとする場合には、保証する債務の上限額である極度額を定めることが求められ（旧民465の2②）、また根保証の存続期間は最長で5年とされていました（旧民465の3）。

2．個人根保証に関する改正の内容

　改正後の新民法では、保証人の保護を更に推し進め、個人根保証の制

限規定を拡大し、主債務の対象を貸金等債務に限定せず、「一定の範囲に属する不特定の債務」を主債務として個人が保証人となる根保証契約のすべてを制限の対象とすることにしました。

　新民法では、一定の範囲に属する不特定の債務を主債務とする保証契約を「個人根保証契約」として規定し（改民465の2①）、その根保証契約のうち、旧民法時から定めのあった貸金等債務が含まれる債務を主債務とする保証契約を「個人貸金等根保証契約」として規定しており（改民465の3①）、個人根保証契約と個人貸金等根保証契約を分けています。

　個人根保証契約と個人貸金等根保証契約に共通する内容としては、契約は書面または電磁的記録をもってすることが要求され、また、保証人は極度額の限度で責任を負い、極度額を定めない契約は無効になるという点が挙げられます（改民465の2①②③）。

　一方、個人根保証契約と個人貸金等根保証契約とで異なる内容としては、主たる債務の元本が確定する事由が異なることと（改民465の4）、個人貸金等根保証契約では主債務の元本が確定する期日が定められていることが挙げられます（改民465の3）。

　個人根保証契約と個人貸金等根保証契約の関係のイメージは次の図のようになり、個人根保証契約のうちの特別類型である個人貸金等根保証契約のほうがより強く規制されています（図表41-1参照）。

3. 極度額とは

　根保証契約とは、継続的に発生する主債務を包括的に保証するものであり、保証人が履行する義務を負う範囲は、主債務の元本、主債務の利息、違約金、損害賠償その他主債務に附随するすべてのもの、及び保証債務について定められた違約金または損害賠償まで含まれます。そのため、根保証契約の保証人の責任は、際限なく増大してしまう可能性があると言えます。

図表41-1　個人根保証契約と個人貸金等根保証契約の関係

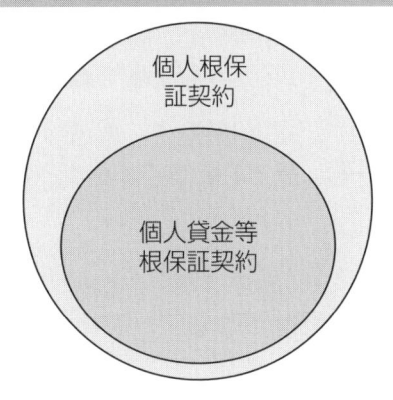

(個人根保証契約 ⊃ 個人貸金等根保証契約)

　そこで、保証人が履行する義務を負う金額の上限として定められるものが「極度額」です。

　すでに述べたように、個人が根保証契約の保証人となる場合は、契約締結時に書面または電磁的記録をもって極度額を定める必要があり、極度額を定めない個人根保証契約は無効となります（改民465の2①②③）。

　したがって、根保証契約の保証人となった個人は、契約締結時に定めた極度額の範囲でのみ責任を負うことになります。

4. 元本の確定とは

　根保証契約の保証人が極度額の範囲でしか責任を負わないとはいっても、いつまで経っても金額が確定しないのでは、保証人は長期間にわたり不安定な地位に置かれることになります。

　そこで、民法は、一定の期限が経過したときや一定の事由が発生したときに、主債務の元本を当該時点で確定させて以降変動させないこととしました。これを元本の確定といい、元本が確定した後は利息や遅延損害金などが増えていくのみになります。

　まず、改正前の旧民法では、個人貸金等根保証契約についてのみ、主

債務の元本確定期日に関する定め（旧民465の3）と、主債務の元本の確定事由に関する定め（旧民465の4）を置いていました。

さらに、改正後の新民法では、上記の個人貸金等根保証に関する規定はそのまま引き継ぎつつ（改民465の3、465の4②）、これに加えて、個人根保証契約一般について、主債務の元本の確定事由に関する定めを置きました（改民465の4①）。

個人根保証契約と個人貸金等根保証契約における元本確定事由の相違は次の表のとおりです（図表41-2参照）。

図表41-2　元本の確定事由

	個人根保証契約一般	個人貸金等根保証契約
保証人の財産に対する強制執行または担保権の実行	○	○
主債務者の財産に対する強制執行または担保権の実行	－	○
保証人の破産手続の開始	○	○
主債務者の破産手続の開始	－	○
保証人の死亡	○	○
主債務者の死亡	○	○

個人貸金等根保証契約にのみ規定されている元本確定期日に関する定めは、次のとおりです。まず、元本の確定期日の定めがなければ契約締結の日から3年で元本が確定し（改民465の3②）、確定期日に関する定めをする場合も契約締結の日から5年を超える期日を定めることはできず（改民465の3①）、5年を超える期日を定めると定めがないものと扱われ3年で元本が確定することになります（改民465の3②括弧書き）。そして、一度決めた元本確定期日を変更する場合も、変更後の期日は変更をする日から原則5年以内としなければならず、5年を超える日を変

更後の元本確定期日とした場合は無効とされます（改民465の3③）。これを図にまとめると下記のとおりとなります（図表41-3参照）。

なお、元本確定期日の定めや変更は、原則として書面または電磁的記録をもってすることが求められています（改民465の3④）。

図表41-3　元本確定期日に関する定め

	元本が確定する日	書面等の要否
元本確定期日を定めない場合	契約締結から3年を経過する日	－
契約締結から3年以内の日を元本確定期日と定める場合	定められた元本確定期日	－
契約締結から3年以降5年以内の日を元本確定期日と定める場合	定められた元本確定期日	○
契約締結日から5年以降の日を元本確定期日と定める場合	契約締結から3年を経過する日	－

41 根保証契約の期限

Question

昔、会社の取引について根保証契約を結びました。根保証契約は一生存続してしまうのでしょうか？

Answer

個人根保証契約では、保証人から解約権を行使することによって契約関係を将来に向かって消滅させることが認められる場合があります。

1. 保証人の解約権

　根保証契約は、継続的に発生する主債務を包括的に保証するものであり、保証人は重い責任を負っています。そこで、判例は、従来から、根保証契約をした保証人に、次のような根保証契約の解約権を認めてきました（図表42-1参照）。

　一つは、任意解約権と呼ばれるもので、期間の定めのない根保証契約について、契約締結後相当期間が経過した場合に、将来に向かって根保証契約を解消する解約権を認めるとするものです（大判昭和7年12月17日民集11巻2334頁）。

　二つは、特別解約権と呼ばれるもので、期間の定めの有無を問わず、主債務者の資産状態が著しく悪化するなど予期しえなかった事情の変更があった場合に、将来に向かって直ちに根保証契約を解消する解約権を認めるとするものです（大判昭和9年2月27日民集13巻215頁）。

図表42-1　判例で認められてきた解約権

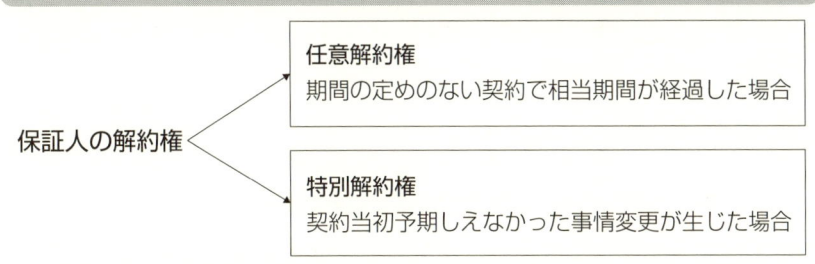

保証人の解約権
- 任意解約権
  期間の定めのない契約で相当期間が経過した場合
- 特別解約権
  契約当初予期しえなかった事情変更が生じた場合

2. 改正民法との関係

　前述の任意解約権と特別解約権は、現在のように根保証契約の保証人を保護するための規定が制定される前の時代に、判例が認めてきた保証人保護のための法理です。したがって、Q41で述べたような保証人を保護するための規定が整備された新民法の下では、必ずしもそのまま認められるとは限りません。

　まず、任意解約権に関してですが、個人貸金等根保証契約においては、元本確定期日が契約締結後5年以内に到来することになったことから（改民465の3）、任意解約権の行使は認められない可能性が高いものと考えられます。一方、個人貸金等根保証契約に該当しない個人根保証契約では、引き続き任意解約権の行使が認められる可能性があるものと思われます。

　次に、特別解約権に関してですが、個人貸金等根保証契約を含む個人根保証契約では、複数の事情変更事由が元本確定事由として類型化され法定されました（改民465の4）。しかし、法定の元本確定事由に該当しない事情変更が生じた場合などは、保証人保護のため、引き続き特別解約権の行使が認められる可能性があるものと思われます。

42 自己破産後の保証

Question

　私は、友人のアパートの賃貸借契約の根保証をしているのですが、その友人がギャンブルにはまり、家賃も払えなくなってしまい、自己破産しました。その友人は、破産後も、家賃も支払わずそのアパートに住み続けているようですが、私は、友人が滞納した賃料を全額、賃貸人に支払わなければならないのでしょうか？

Answer

　個人貸金等根保証契約に該当しない個人根保証契約では、主債務者の破産は、主債務の元本確定事由とされていません。したがって、保証人は、継続的に発生し続ける主債務である賃料債務その他遅延損害金等について、極度額の範囲で支払義務を負うことになります。

1. 賃貸借契約の根保証契約について

　設問のように、不動産の賃貸借に際して、当該賃貸借契約に基づいて発生する賃借人の債務の一切について、個人が保証人となって保証契約を締結するということは従前から多く行われてきました。このような保証契約も、一定の範囲に属する不特定の債務を主債務とするものといえることから、個人根保証契約に該当します。

　よって、改正民法の下で設問のような保証契約を締結する際には極度額を定める必要があり、極度額の定めがない保証契約は無効となります（改民465の2①②）。

2. 主債務者の破産と元本確定事由

　個人根保証契約においても、元本の確定事由が生じれば、その時点において保証人が責任を負うべき主債務の元本が確定し、あとは利息や遅延損害金が増えていくのみになります。

　設問では、主債務者である賃借人が破産したとあります。しかし、主債務者の破産は、個人貸金等根保証契約における元本確定事由ではあっても、個人根保証契約一般における元本確定事由とはされていません（改民465の4①、同②二。元本確定事由については図表41-2参照）。

　したがって、設問では、元本が確定することなく、主債務者である賃借人がアパートに住み続ける限り、保証人が責任を負う債務は極度額の範囲内で増大していくことになります。

3. 保証人からの解約権の行使

　設問では、主債務者である賃借人の賃料不払が続いているようですが、債権者である賃貸人は賃料不払を理由に賃貸借契約を解除し賃借人に建物の明渡しを請求するという対応を取ることができます。債権者である賃貸人がこのような対応を取らないときに、保証人としては未払債務が日々増大していくのを見ていることしかできないのでしょうか。

　古い判例ではありますが、不動産の賃貸借契約に際して期間の定めのない保証契約を締結した場合において、①契約締結から相当の期間が経過しかつ賃借人がしばしば賃料の支払いを怠っていたにもかかわらず賃貸人が契約の解除・明渡請求もせず使用収益を継続させた事案（大判昭和8年4月6日民集12巻791頁）、②契約締結後に賃借人の資産状態が著しく悪化し賃借人が継続して賃料の支払いをしないのに保証人に告知したりすることなく依然として賃借人に使用収益をさせ保証人の責任を過当に増大させた事案（大判昭和14年4月12日民集18巻350頁）のいずれ

においても、保証人からの保証契約の解約権の行使が認められました。

　上記のいずれの判例も特別解約権の行使を認めた例ですので一般化はできませんが（任意解約権と特別解約権についてはQ42参照）、設問においても具体的事情によっては保証人による個人根保証契約の解約権の行使が認められる可能性があると思われます。

コラム　保証債務が支払えなくなったら……

　事業者の方々で、会社の借り入れについて代表取締役として連帯保証をされている方は多いかと思います。このような場合に、事業収入が減って会社として主債務の支払ができなくなった場合には、代表としての報酬を得られなくなっているために、保証債務の支払も困難になるかと思います。

　会社としての支払が難しくなった場合、会社として執りうる手段としては、①裁判所を利用せず債務を減らす方法、②裁判所を利用して債務を減らす方法のいずれかをとるか、債務を減額しても支払をすることができなければ③倒産手続を取ることになります。また会社として上記の手続きをとると同時に代表者個人についても、同様に債務を減額するか、破産手続をとるのが通常です。

　①の裁判所を利用せずに債務を減額する方法として任意整理手続があり、代表者個人については、任意整理手続の他に、経営者保証ガイドラインに基づく保証債務の整理手続をとることが選択肢としてあげられます。これらの手続きを利用するメリットとして裁判所を通さないため、債権者たちと柔軟な交渉ができる余地があることです。

　具体的には、債権者すべてと交渉をする必要はなく、金融機関の債務だけを減額の対象とすることができるので、取引先に迷惑をかけることなく債務を減額できること、弁済の方法も債権者の同意が得られれば自由に決められるので、柔軟な合意ができることができますし、一定の条件のもとに自宅を残すことも可能です。もっとも、こちらについては債権者全員の同意を得なければ手続きがすすめられませんので、債権者全員が納得するような弁済方法をあげる必要がありますので、債権者との十分な協議が必要になるでしょう。

　②裁判所を通して債務を減額する方法として、民事再生手続、会社更生手続があります。また代表者個人も、民事再生手続をとることが可能

です。これらの手続きは、会社を存続しつつ、裁判所の手続きを通じて法人や個人の持っている債務を減額させる手続きです。これらの手続きにおいては、裁判所から選任された委員を通じて公平に手続きが進められるため、債権者を選んで減額をすることができない一方で、債権者全員の同意がなくても債務を減額できることはメリットとしてあげられます。

このように、債務を減額する手続きにおいては、会社を存続させるために債務を減額することを認めるものですので、債務を減額すれば、会社の運営が継続できることが必要になりますし、破産するよりも債権者にメリットがあることが必要になります。

また、これら債務を減額する手続きにおいては、法人や代表者個人が一定の範囲で財産を残すことができるのも特長です。

以上のとおり、①、②は、今後も事業を継続することを前提とした手続きであることに対し、倒産手続は会社を清算し、解散させる手続きなので、債権者の同意は必要なく進められますが、財産を残すことはできないため、不動産などがある場合にはこれらの不動産は、売却のうえ、債権者の配当に回されることになります。代表者個人についても、破産手続きをとると、換価できるものはすべて金銭にして、債権者の配当にまわすこととなります。破産手続をとると、債務自体がなくなるので、破産手続終了後は借金の支払義務がすべてなくなるので、手続終了後はゼロから新しいスタートになります。破産というとネガティブなイメージがありますが、実際には一般社会に破産したことが知れ渡ったりすることはありませんし、破産手続が終了したことも就職の制限がされることはありません。

これらの手続きは法人は破産、代表者個人は民事再生など組み合わせて利用することも可能です。どのような手続きをとるのがベストなのかは、その時々の財産状態にもよるので、弁護士に相談されるのが良いでしょう。

第4章

保証契約の消滅

43 保証債務の整理

Question

代表を務めていた会社の業績が良くなく、私も連帯保証債務を負っています。会社が破産した場合、私はどうなるのでしょうか。私は会社と一緒に破産するしかないのでしょうか？

Answer

会社が破産をした場合、連帯保証人は、必ずしも会社と同様に破産する必要はありません。

もっとも、会社の破産で、連帯保証人は、会社の残債務全額を一括弁済する義務を負うことになりますので、一括弁済が不可能である場合、保証債務の整理を検討する必要があります。

1. 会社の破産が連帯保証債務に与える影響

破産手続とは、債務者の総財産を換価し、債権者に対して、破産者の残余財産を公平に分配する手続きです。法人の破産においては、財産の換価や配当等の清算が終了した後、最終的には法人格が消滅することになります。

それでは、会社が破産手続を選択することで、連帯保証人にどのような影響が生じるのでしょうか。

まず、破産を含む法的整理（破産、民事再生、会社更生、特別清算）の申立ては、通常、銀行やリース会社等債権者と会社との契約で、分割での返済ではなく、一括で返済しなければならなくなる「期限の利益喪失事項」とされています。

したがって、会社の連帯保証人は、主債務者である会社の破産申立てにより、直ちに債権者に対し、残債務を一括弁済する義務を負うことになります。

主債務者である会社は、破産手続の場合であれば、上記のとおり最終的には法人格が消滅し、また、民事再生手続であれば再生計画案の認可により、債権の免除（一部免除）を受けることになります。では、このような主債務者の権利変更の効果は保証人に及ぶのでしょうか。

この点、民法では、主債務が減縮された場合、保証債務も主たる債務の限度にまで減縮されますが（保証債務の附従性、民448参照）、倒産法制下では、同原則が修正され、主債務の権利変更は保証債務に影響を及ぼさないとされています。（破253②、民再177②、会更203②、会571②）

つまり、会社が破産の申立てを行った場合、連帯保証人は、会社債務の権利変更の有無にかかわらず、主債務の未払額及び遅延損害金等の全額を直ちに一括して支払わなければなりません。

2. 保証債務の整理

1．で述べたとおり、連帯保証人は、会社の破産により会社の残債務全額の支払義務を負いますが、一括での支払いが不可能もしくは困難である場合、会社の破産とは別に自らの保証債務について債務整理を検討しなければなりません。

誤解のないように申し上げますが、会社が破産の申立てを行った場合でも、連帯保証人が会社と同様に破産申立てをしなければならないものではありません。

保証人の債務整理の方法は、次に述べるとおり複数存在します。

資産状況や収入状況、負債の総額等の事情を勘案し、それぞれの手続きのメリット・デメリットを考慮したうえ、適した債務整理の方法を選択する必要があります。

3. 保証債務の整理手法

　保証債務の整理手法は、大きく分けて、清算型と再生型に分けられます。各制度の概要は以下のとおりです。

(1) 清算型手続（破産手続）

　清算型手続とは、債務者のすべての財産を金銭化し、債権者に対し分配する手続きです。このような清算型手続として位置付けられているのが、破産手続になります。

　破産手続においては、自らの資産を換価（現金化）し、債権者に対し、債権額に応じて分配し、分配後の残債務については、手続きの中で免責許可を得ることで支払義務が消滅することになります。

　破産手続のメリットは、この免責による支払義務の消滅であり、これにより債務者は今後の再生が可能となります。

　一方で、破産手続には、いくつかのデメリットがあります。

　まず、破産者は、破産手続において免責が確定するまで、一定の資格や職業（弁護士、司法書士、公認会計士、生命保険外交員、損害保険代理店、警備員等）に就くことができません。

　また、破産法上、いくつかの事由（財産の隠匿、ギャンブル等による浪費、一部の債権者に有利に返済をするなど）が免責不許可事由とされており、そのような免責不許可事由が存在する場合には、破産申立てを行っても、免責を得ることができないことがあります。

　さらに、清算型手続である破産手続では、原則として自由財産とされる生活に最低限必要な資産以外のすべての資産を換価して配当をすることになるため、自宅や持ち家である場合や高価な資産（車等）をお持ちの場合には、これらを手放さなければならない可能性があります。

　仮に、手放したくない資産がある場合には、破産手続を選択すること

135

はデメリットとなりますので、留意する必要があります。

(2) 再生型手続

　再生型手続とは、破産のように清算を目的とせず、債務者の再生を目指す手続きをいいます。

　この再生型の手続きに属するものとしては、以下の手続きをあげることができます。

① 任意整理

　　任意整理とは、債権者との個別の協議により返済条件の変更や一部債務免除等の合意をすることにより、裁判外で債務者の再生を図る手続きです。

　　破産手続や後述の個人再生手続のように裁判所の関与を必要とせず、ある程度フレキシブルな解決が図れることや、法的整理をとることのデメリットを回避できる事が任意整理のメリットと言えます。

　　一方で、任意整理はすべての債権者との同意が必要となるため、一部でも債権者の反対がある場合には、他の手続きを検討する必要があります。

② 個人再生手続

　　個人再生手続とは、個人の債務者について、将来の収入等を弁済の原資として一定額の債務を弁済し、残余債務の免除を受けることにより、債務者の再建をはかる制度です。

　　本来、民事再生手続は、対象として法人を想定しており、個人が利用するには負担が大きかったため、個人の債務者に利用しやすいよう、迅速かつ簡易な手続きとして、個人再生手続が創設されました。

　　個人再生手続は、さらに小規模個人再生手続と、給与所得者等再生手続という二つの手続きに分かれますが、いずれも将来にわたり

定期的な収入を得る見込みがあることが条件となります。

　個人再生手続の一番のメリットは、住宅ローンが残った住宅を維持できる可能性があることです。個人再生手続においては、債務者が再生計画において住宅ローン債権者との間においてリスケジュール等を行うことができる住宅資金特別条項を定めることができます。同条項を利用することで、住宅ローンを弁済しつつ再生を図ることができるのです。

　一方で、個人再生手続においては、清算価値保証原則や可処分所得要件（給与所得者等再生のみ）との関係で、最低弁済額が高額となる可能性がありますので、再生計画の履行可能性は慎重に判断する必要があります。

③　特定調停

　特定調停とは、個人・法人を問わず、債務の返済が困難である者が、裁判所の指定する調停委員のもと、債権者と返済方法について協議をし、経済的更正をはかるための調停手続です。

　「債権者と債務者との協議」との点では、任意整理と共通しますが、債権者が任意整理に非協力的であり、任意の交渉に応じないような場合、特定調停を利用し、協議の場を設定することが有効となり得ると考えられます。

　また、特定調停においては、特定調停が終了するまでの間、現に継続する民事執行手続の停止を求めることができるとされており、すでに債務名義をとられ、差押え等の強制執行がなされた場合であっても、同手続きを利用して協議が可能となることもメリットの一つといえます。

④　経営者保証に関するガイドライン

　同制度については、Q52にて詳述しておりますので、ご参照下さい。

44 代表取締役の辞任と連帯保証

Question

オーナーに頼まれ、ある会社の代表になり、同社における金融機関からの借入の連帯保証人になりました。しかしながら、近時オーナーや他の役員との経営方針の違いが顕著であるため、会社の代表取締役を辞任しようと思っています。会社の代表取締役を辞任した場合、私が現在入っている連帯保証は外れると理解していいでしょうか。

Answer

代表取締役の辞任は、在任時に締結した金融機関等との連帯保証契約の効力に影響を与えません。連帯保証を外すためには、金融機関等の債権者と個別に協議・交渉をする必要があります。

1. 代表者交代と連帯保証からの離脱

会社の代表者等の立場として会社の金融債務に対し、連帯保証をした後、当該会社の代表取締役を辞任した場合、すでに行った連帯保証契約の効力はどのようになるのでしょうか。

通常、代表者は、会社の代表者であるからこそ連帯保証をしたものであり、その後、代表を外れたならば、保証も外してほしいと考えるのが自然であると思われます。

もっとも、連帯保証契約は、主債務者（会社）のために、債権者と保証人との間において締結される契約であり、契約当事者は、債権者と保証人である一方、取締役の辞任は、会社と取締役との間における委任契約の解消であり、会社と取締役間の問題になります。

このように契約当事者が異なる以上、連帯保証契約において取締役を辞任した場合に保証債務が免責とされるといった特約があるような場合を除き、取締役を辞任しただけで、当然に連帯保証債務が免責されることはありません。
　したがいまして、代表取締役を辞任する際には、別途、連帯保証契約を締結していたすべての債権者との間において、連帯保証から離脱するための交渉を行う必要があります。
　通常であれば、代表取締役の辞任にあたっては、新たな代表取締役候補が決定しているでしょうから、債権者に対し、保証人の交代を申し入れ、保証の免責を受ける交渉を行うことになると考えられます。実務的には、このようなケースにおいて、保証人の交代が行われることは少なくありません。

2.「経営者保証に関するガイドライン」における前経営者の保証解除

　平成26年2月1日より、「経営者保証に関するガイドライン」（Q52参照、以下、「ＧＬ」といいます）の適用が開始されたように、現在は、中小企業に対する融資についてほぼ必ず求められてきた経営者保証に関し、見直す動きが進んでいます。
　ＧＬの制定により、「ア　法人と経営者との関係の明確な区分・分離、イ　財務基盤の強化、ウ　財務状況の正確な把握、適時適切な情報開示等による経営の透明性確保」といった一定条件が満たされている場合、経営者保証を求めない融資を実現できる可能性が高まりました。
　また、ＧＬでは、本問の様な経営者交代にあたっての前経営者からの保証解除の申し出について、「対象債権者は、前経営者から保証契約の解除を求められた場合には、前経営者が引き続き実質的な経営権・支配権を有しているか否か、当該保証契約以外の手段による既存債権の保全の状況、法人の資産・収益力による借入返済能力等を勘案しつつ、保証

契約の解除について適切に判断することとする。」としており、金融機関等に対し、上記事由を考慮のうえ、適切に対応することを求めています（ＧＬ６項（２）②ロ）。

そして、上記を踏まえ、前経営者や後継者において保証解除を求めるにあたり、以下のような取組みを行うことが考えられると例示しております。

① 前経営者は、実質的な経営権・支配権を有していないことを対象債権者に示すために、中小企業の代表者から退くとともに、支配株主等に留まることなく、実質的にも経営から退くこと（併せて、当該法人から報酬等を受け取らないこと）。

② 前経営者が、主たる債務者から社会通念上適切な範囲を超える借入等を行っていることが認められた場合は、これを返済すること。

③ 対象債権者にとって、法人の資産・収益力では既存債権の回収に懸念が残り、前経営者との保証契約以外の手段では既存債権の保全が乏しい場合には、前経営者の資産のうち、具体的に保全価値があるものとして対象債権者が認識していた資産と同等程度の保全が、後継者等から提供されること。

上記取組例は、あくまでも例示であると考えられますが、金融機関等債権者との保証解除の協議にあたり参考になるものと思われます。

45 弁済後の求償権

Question

主債務者に代わって債務を弁済しました。主債務者から代わって支払った分を返してもらえるのでしょうか。

Answer

保証人が主債務者の債務を支払った場合、主債務者は本来自分が債務を支払う義務があるので、当然保証人が支払った債務を弁済する必要があります。

保証人が主たる債務者に代わって債務を弁済した場合に、弁済額を主たる債務者に対して支払うよう請求できる権利を求償権といいます（改民459から465（民法第461条、464条、465条は改正予定はありません））。

もっとも、どのような場合でも支払った金額をすべて求償できるとは限りません。保証人となった理由が主催者から頼まれたのか、主債務者から頼まれずに保証人になったのかにより異なります。

場合分けをして説明しましょう。

1. 主債務者から頼まれた保証人の場合

保証契約は債権者と保証人との間で締結するものですから、必ずしも主債務者から依頼を受けて、保証人になるとは限りません。ただし、一般的には主たる債務者から依頼を受けて保証人となることの方が多いでしょう（保証委託契約）。

この場合は、支払ったすべての金額について求償することができま

す。具体的には元金や利息、振込手数料や交通費などの必要となった費用、損害賠償まで求償することができます。

なお、主債務者から頼まれた保証人については、一定の場合に、事前に求償することができます。

具体的には現行民法第460条に事前の求償ができる条件を定めています。

① 主たる債務者が破産開始手続開始の決定を受け、かつ債権者がその破産財団に加入しないとき
② 主たる債務が弁済期にあるとき
③ 債務の弁済期が不確定でかつ、その最長期をも確定することができない場合において、保証契約の後10年を経過したとき

です。

図表45-1　求償の範囲が広い場合

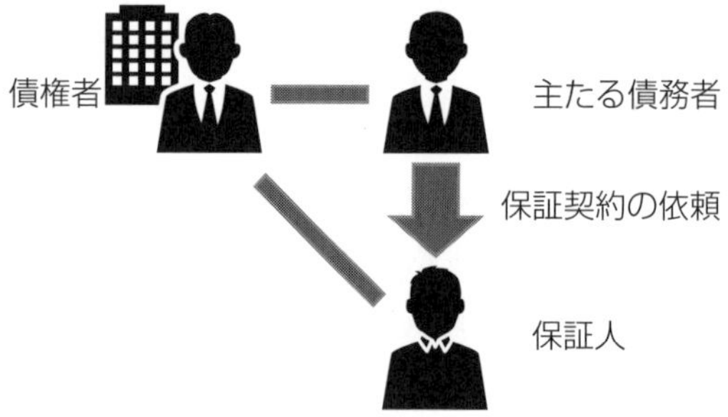

2. 主債務者から頼まれずに保証人になった場合

この場合は、保証人は支払ったすべての金額について求償することはできません。

主たる債務者は保証人を保証人を必要としていなかった場合や、知らなかったこともあり得るので、主債務者の利益を保証するために制限す

るものです。

　具体的には保証人が「弁済した当時」、主債務者が利益を受けた限度で求償することができるので、利息や必要となった費用、損害賠償などは含まれないことになります。

　また、通常はあまりないと思いますが、主債務者の意思に反して保証人になった場合の求償権の定めがあります（民462②）。

　この場合はさらに求償の範囲が限定され、「求償の時点」で主債務者が現に利益を受けた限度でしか求償することができません。

　なお、どの場合でも保証人が主債務者に代わって弁済をする場合には、主債務者に弁済をすることを通知する必要があります。

　この通知を怠ると求償の範囲が制限されることがありますので（改民463）、債権者から弁済を請求された時には、まず主債務者に通知をしてから支払いをした方が良いでしょう。

図表45-2　求償の範囲が狭い場合

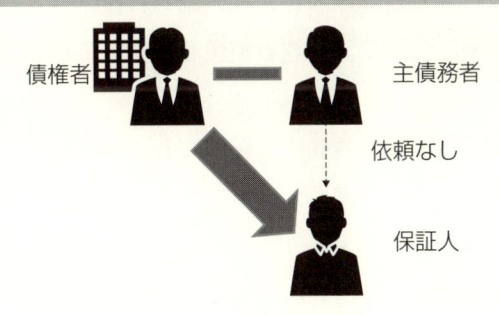

46 保証債務の時効

Question

10年以上保証債務の支払いを請求されていませんが、まだ支払義務はあるのでしょうか。

Answer

　主たる債務について時効が成立していれば保証債務も時効を主張することにより弁済を免れることができます。

　保証債務について時効が成立するでしょうか。このことは主債務者の支払義務とも関係します。

　保証債務は主債務が支払わない担保のために設定されているものなので、主債務が消滅すれば保証債務も消滅します。これを保証債務の附従性と言います。

　したがって、主債務者が時効により消滅している場合には、保証人は当該主債務が時効により消滅していることを主張して、保証債務も消滅していることが主張できます。

　ただし、主債務について時効の中断が生じていた時には注意が必要です。

　具体的には、債権者が主債務者に対して裁判を提起している場合や、主債務者が債務を一部でも支払うなど債務を承認した場合には、主債務について時効の中断が成立し、当該時効の中断が保証債務にも時効中断の効果を及ぼすことになります。

　なお、民法が改正された後は、債権の時効期間が原則5年間で消滅す

ることになります（改民166①）。改正前は、債務の種類により消滅時効の期間が異なっていましたが（請負の報酬債権は２年、飲食料は１年など）、これらの規定がなくなり、一括して５年の時効期間に服することになります。

したがって、改正前は主債務の種類により、保証人が時効を援用できる期間も異なることになっていましたが、改正後は上述のとおり主債務の時効期間も原則５年に変更されますので、保証人が時効を援用できるようになるのも主債務が成立してから５年になります。

図表46　債権者と主債務、保証債務の関係

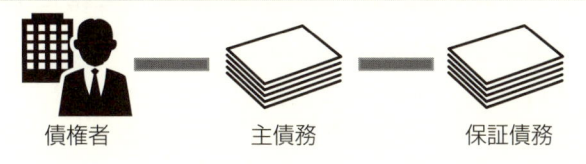

債権者　—　主債務　—　保証債務

47 弁済の求償請求の期限

Question

　ずいぶん昔に主債務者に代わって債務を支払ったのですが、まだ主債務者に自分が支払った分の支払いを求められるのでしょうか。

Answer

　個人として立て替えて払ったのか、会社や事業者として支払ったのかによりいつまで主債務者に請求できるか期間が変わります。

　また改正民法が施行された後に立替払いをした場合には一律5年となります。

　保証人が主たる債務者に代わって弁済をした場合に、主債務者に当該弁済額を求償できることはこれまで述べてきたとおりです。

　この求償権も、債権の種類の一つなので行使しないまま放置していれば時効により消滅します。

　債権の時効期間ですが、改正前民法においては、商行為により発生した保証の債権か、個人間の債権かにより時効期間が異なっていました。

　具体的には、商行為により発生した債権は、商法第522条により、「五年間行使しないとき」は時効により消滅すると規定されており、一方民法第167条において、「債権は、十年間行使しないときは、消滅する」と規定されていました。

　すなわち、保証した立場が法人や、事業者であり、そのような保証人として主債務者の債務を弁済した場合には5年の時効が適用され、それ以外の場合には10年の時効が適用されることになっていました。

5年もしくは10年いずれの時効が適用される場合でも、時効は権利を行使できるときから進行します。したがって、保証人が立替払いをした場合には、そのときから主たる債務者に立替分の請求ができますので、立替払い時点から時効が進行することになります。
　ただし、時効期間がまだあるからといっても、一般的には時間がたてばたつほど記憶が曖昧になったり証拠がなくなったりしますので、早めに請求した方がよいでしょう。
　また、民法が改正された後は、時効期間が原則5年に変更されます。もう少し詳しくお話しすると、「債権者が権利を行使することができることを知った時から5年行使しないとき」もしくは「権利を行使することができる時から10年間行使しないとき」に権利が消滅することになります（改民166）。
　保証人が立替払いしたときには、そのときから主債務者に立替払い分を請求できることになりますから、いずれにしても5年経過すると求償権は時効により消滅することになります。

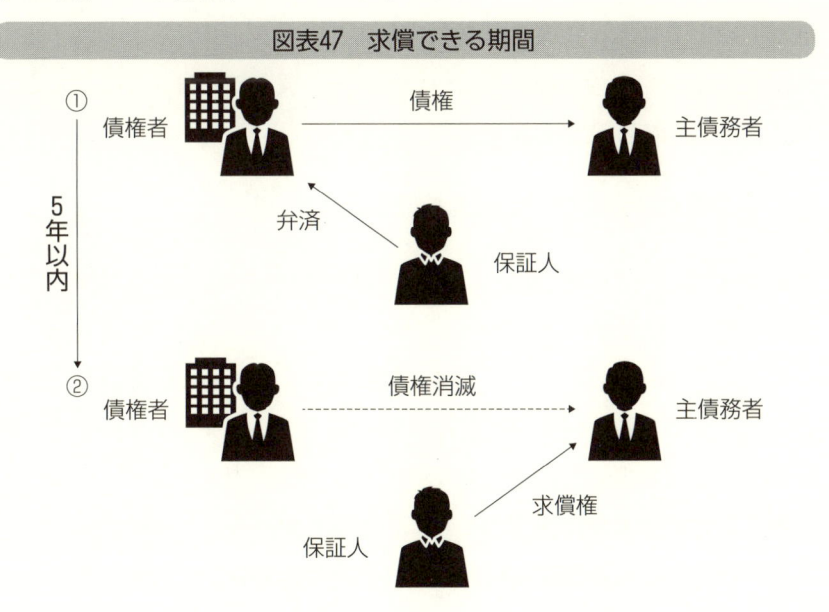

図表47　求償できる期間

① 債権者 →（債権）→ 主債務者
　　　　　　保証人 →（弁済）→ 債権者

5年以内

② 債権者 -----（債権消滅）-----→ 主債務者
　　　　　　保証人 →（求償権）→ 主債務者

48 離婚した夫の保証責任

Question

　夫の借金について、妻の私は何らかの責任を負いますか。妻である私が保証人になっている場合と、保証人になっていない場合で違いがありますか。保証人になっている場合に離婚したらどうなりますか。また、子供たちに何かしらの責任がありますか？

Answer

　原則として、夫の借金について妻が保証人になっていなければ責任を負うことはありません。ただし、日常家事債務については責任を負うことがあります。また、夫の借金について妻が保証人になっている場合には、妻は保証人として責任を負うことになります。その場合には、妻は離婚したとしても、保証債務を免れることはできません。なお、子供たちが夫の借金や妻の保証債務について責任を負うことはありませんが、例外があるので注意が必要です。

1. 妻が夫の借金について責任を負う場合

　原則として、夫の借金について、夫婦や家族だからという理由で妻が責任を負うことはありません。

　ただし、夫の借金について、妻が保証人になっている場合には、夫の借金（主たる債務）について保証債務を負うこととなります。また、保証債務は主たる債務とは別個独立の債務なので、借金を負っている夫と離婚したとしても妻は保証人としての責任を免れることはできません。

　例外として、夫の借金がいわゆる「日常家事債務」に該当する場合に

は、妻は夫と連帯して債務を負うことがあります（民761）。

　これは日常家事に関する債務については、取引の相手方は夫婦の責任と信頼するから、夫婦の連帯債務とされると考えられています。なお、日常家事債務には、例えば、衣服類の購入や白米の購入や他方配偶者の所有する動産についての火災保険契約の締結や子女の教育等が該当します。

　また、夫婦の生活のためにする金銭消費貸借契約もこれに含まれると解されています（川井健著「民法概論5―親族・相続」有斐閣、2007）。また、妻（夫の保証人になっていない）と借金を抱えた夫が離婚に伴って財産分与をする場合、夫の借金がギャンブルなどで個人的に負担した債務は財産分与の対象になりませんが、夫婦共同生活の中で負担した債務については財産分与の対象となります。夫婦間の財産分与の結果として、積極財産プラスの財産がある場合に債務額を積極財産の総額から控除して残額を財産分与の対象とすることとなり、実質的には妻も負担するということがあり得ます。もっとも、債権者は財産分与の当事者ではなく、債務引受が当然されるわけでもないので、実行性が乏しいことから、債務しか分与対象財産がないような場合には、債務が財産分与の対象となって一方当事者（本件では妻）の負担となることは、実務上消極的に考えられています。

　さらに、夫が借金を抱えたまま亡くなった場合には、法定相続人である妻（配偶者）は、相続放棄等の手続きをしない限り、その借金を負うことがあるので注意する必要があります。

2. 子供が親の借金について責任を負う場合

　原則として、子供が、父の借金について、親子や家族だからという理由で責任を負うことはありません。

　ただし、前述1．と同様に、父が借金を抱えたまま亡くなった場合に

は、子供も法定相続人であるため、相続放棄等の手続きをしない限り、その借金を負うことがあるので注意する必要があります。

　また、父の借金について母が保証人になっていて、その母が亡くなった場合には、子供は母の法定相続人であるため、同じく相続放棄等の手続をしない限り、母の保証債務について責任を負うことになります。仮に、父と母が離婚していたとしても、母が亡くなった場合にその保証債務について責任を負うことに変わりはありません。

49 サービサー等の債権者

Question

裁判所から、サービサーというところを原告として、私に対して保証債務を請求する訴状が届きました。保証をした記憶がないので、放っておいてもいいでしょうか？

Answer

保証をした記憶や訴状に記載されたサービサーの会社の名前に記憶がなかったとしても、あなたが裁判所から求められている書面を提出せず、また呼び出された期日に出頭しないと、知らない間に、サービサーのあなたに対する請求を認める判決が言い渡される可能性があります。

ですから、記憶がなかったとしても、訴状を受領したら裁判所に対して何らかの対応をする必要があります。訴状を受け取った場合には、速やかに弁護士等の専門家に相談して対応方法の助言をもらうのがいいでしょう。

1. サービサーとは

サービサー（＝債権回収会社）とは、法務大臣の許可を受けて、金融機関から委託を受けまたは譲り受けて、特定金銭債権の管理回収を行う株式会社です。

従前は弁護士法により、弁護士または弁護士法人以外の者が債権回収業務を行うことは禁じられていましたが、不良債権の処理等を促進するため、弁護士法の特例として、債権管理回収業に関する特別措置法によって民間の会社が債権回収業務を行えるようになりました（サービ

サー法2③、3）。

　サービサーが取り扱える債権は、特定金銭債権（サービサー法2①）として規定されていて、債権者と保証人との間で契約された保証契約に基づく債権も含まれています（サービサー法2①二十。ただし、同項1号から19号に掲げる金銭債権を担保するものに限る）。

　本件において、あなたが訴状に記載されたサービサーの会社名やその保証債務に記憶がなかったとしても、サービサーは、金融機関などから委託等を受けて請求するという立場にあります。あなたはその委託元の金融機関については身に覚えがあるかもしれません。そのため、あなたは、請求されている債務の内容やサービサーの委託元等の金融機関等について、しっかり確認する必要があります。

2. 裁判一般について

　一般に、原告が、裁判所に対して訴訟提起（訴状を提出）すると、裁判所は訴状を受理して審査した上で、訴状の副本を被告に送達します（民訴138①）。あわせて裁判長は口頭弁論期日を指定し、被告に対して呼出状を送ります（民訴139）。

　被告が訴状を受領すると（送達完了）、予定どおり裁判所であらかじめ指定された期日に口頭弁論が開かれることになります。被告が指定された期日に出席せず、または答弁書を提出しないなど何らの対応をしないため、被告に訴訟追行の意思がないと認められる場合には、裁判所は、弁論を終結して終局判決をすることができます（民訴244、159①）。

　本件のように、あなたが保証をした記憶がないからといって訴状を受領しながら放っておくと、知らないうちにあなたに不利益な判決が言い渡されて、気付いた時には判決が確定してしまっているかもしれません。

　なお、あなたがサービサーに金員を支払うことを命じた判決が言い渡

された場合（仮執行宣言付判決、確定判決）には、債権者であるサービサーは、債権回収を実現するために、あなたの財産（預金などの金融資産、不動産、給料債権など）に対して強制執行手続（差押）をすることができます。このような事態は不意打ちかもしれません。しかし、保証について身に覚えがなくても、裁判所が支払いを命じた判決がある場合には、債権者は、強制執行手続をすることができるのです。

　このような不意打ちの事態を避けるためには、サービサーからの請求に対してあなたの言い分（保証していない、金額が違う等）があるのであれば、一方的に不利益な判決が言い渡されないよう、その言い分を裁判の場で明らかにして審理を尽くす必要があります。そのためには、最低限のこととして受領した訴状を放置せずに、裁判所から送られてきた書類の指示に沿って、期日に出頭し（弁護士等の代理人が出頭する場合も含む）、又は答弁書を提出するなど応訴することが必要です。もっとも、多くの人は、民事訴訟手続には不慣れなので、適切な対応をするために、弁護士等の専門家に相談して助言を求めることを検討してもよいでしょう。

50 経営者保証ガイドライン

Question

父から会社を受け継ぎましたが、業績も芳しくなく、会社をたたもうかと思っていますが、私が会社の保証債務を負っており、会社を辞めるに辞められません。最近「経営者保証ガイドライン」ができたと聞いたのですが、どのような手続ですか？

Answer

会社の債務を整理する場合や会社を清算する場合、中小企業等の代表者は会社の保証債務を負っていることがほとんどのため、これまで代表者等の保証人は会社の債務の整理と同時に、保証債務の整理のために破産等の法的手続を取らざるを得ないことが大半でした。しかしながら「経営者保証ガイドライン」によって、破産等の法的手続を取らなくても、保証債務の整理をすることができるようになりました。

1. 手続の概要

中小企業への貸付に際しては、ほとんどのケースで代表者個人の保証債務が求められることがほとんどです。

その結果、代表者は会社の業績が悪化した際にも、無理して経営を継続し、却って傷口が悪化したり、金融機関に適時に相談に行けなかったりと、保証債務の存在が早期の事業再生や、事業清算への早期着手を阻害していることが問題となっていました。

また、過大な保証債務を負わされることに抵抗を覚え、新規の創業や円滑な事業承継を阻害することにもなっていました。

そこで、このような問題の改善を図るため、平成26年2月1日より「経営者保証に関するガイドライン」（以下「ＧＬ」と略します）の適用が開始されました。
　同ＧＬは大きく分けて、以下の二つの柱から成り立っています。
　①　保証契約締結時の対応
　②　保証債務履行時の対応
　ここでは紙面の関係もあるので、②を中心に述べたいと思いますが、①についても簡単に説明します。
　①について、上記のとおりこれまでは中小企業に対する貸付にはほぼ100％代表者の無制限保証が付けられていました。しかし、今後は、「ア　法人と経営者との関係の明確な区分・分離」「イ　財務基盤の強化」「ウ　財務状況の正確な把握」、適時適切な情報開示等による経営の透明性確保」の諸条件が満たされている場合、代表者の保証を付けずに、あるいは保証金額を限定したうえで融資を受けられる可能性が高まりました。
　ただし、上記諸条件を充たす必要はありますので、例えば、会社のお金と代表者の財布の明確な区別がない場合や、会社の財務状況が悪い場合、粉飾等があった場合は、保証人をつけずに融資を受けることは難しいでしょう。
　すでに融資を受けている債務の保証についても、上記ア～ウの条件を充たす場合は、保証契約の解除や保証金額の減額等の対応を債権者に求めることができます。
　以上が①についての概要です。今後は、新規の融資を受ける際はもちろん、既存の融資についても、保証債務の解除や保証債務額の減額がお願いできないか、金融機関等の債権者と積極的に相談されることをお勧めします。

2. 保証債務の整理等の要件について

(1) これまでの保証債務の整理について

　次に②についてですが、こちらは主債務者である会社等の経営が悪化し、債務の返済が困難な場合に、代表者等の保証債務を整理する必要がある場合の規定です。

　会社等の主債務者が借入金額のすべてを返済できない場合、保証人に保証債務の履行が迫られますが、主債務者が法人等の事業者の場合、その負債額も膨大であることが多いですから、その保証債務を整理するためには、これまでほとんど破産等の法的手続しか選択肢がないのが現状でした。

　しかし、今後はＧＬを用いることによって、破産等の法的手続を選択することなく保証人の保証債務の整理ができる可能性が高まりました。

(2) 保証債務整理を申し出るための要件

　ＧＬを利用して保証人が保証債務の整理を申し出るためには、下記のア～エの要件を充たす必要があります。

　ア　対象債権者と保証人との間の保証契約がＧＬ３項に規定される要件をすべて充足すること

　【ＧＬ３項】
　　１．保証契約の主たる債務者が中小企業であること
　　２．保証人が個人であり、主たる債務者である中小企業の経営者であること。ただし、以下に定める特別の事情がある場合又はこれに準じる場合については、このガイドラインの適用対象に含める。
　　　①　実質的な経営権を有している者、営業許可名義人又は経営者の配偶者（当該経営者と共に当該事業に従事する配偶者に限る。）が保証人となる場合

② 経営者の健康上の理由のため、事業承継予定者が保証人となる場合
　3．主たる債務者及び保証人の双方が弁済について誠実であり、対象債権者の請求に応じ、それぞれの財産状況等（負債の状況を含む。）について適時適切に開示していること
　4．主たる債務者及び保証人が反社会的勢力ではなく、そのおそれもないこと
イ　主たる債務者が、破産手続、民事再生手続、会社更生手続もしくは特別清算手続（以下「法的債務整理手続」という）の開始申立て又は利害関係のない中立かつ公正な第三者が関与する私的整理手続及びこれに準ずる手続（中小企業再生支援協議会による再生支援スキーム、事業再生ＡＤＲ、私的整理ガイドライン、特定調停等をいう。以下「準則型私的整理手続」という。）の申立てをこのＧＬの利用と同時に現に行い、又は、これらの手続が係属し、若しくは既に終結していること
ウ　主たる債務者の資産及び債務並びに保証人の資産及び保証債務の状況を総合的に考慮して、主たる債務及び保証債務の破産手続による配当よりも多くの回収を得られる見込みがあるなど、対象債権者にとっても経済的な合理性が期待できること
エ　保証人に破産法第252条第1項（第10号を除く。）に規定される免責不許可事由が生じておらず、そのおそれもないこと

(3) 要件アについて

　まず、アについてですが、ＧＬを利用するためには、主債務者の性質、保証人の範囲、対象債権者の範囲等がＧＬ3項に規定されている条件を充たす必要があります。

　対象となる債務としては、「保証契約の主たる債務者が中小企業」で

ある必要があります。個人事業主等の個人が主債務者である場合も排除されていませんが、あくまで主債務が事業性の資金である必要があり、したがいまして、個人の非事業性の債務（住宅ローン等）についての保証債務は本ＧＬの直接の対象ではありません。

　次に、保証人の範囲ですが、「保証人が個人であり、主たる債務者である中小企業の経営者等」である必要があります。典型例は、主債務者である会社の代表者ですが、実質的な経営権を有している者や、経営者と共に事業に従事する当該経営者の配偶者等も対象とされ、登記簿上の代表者に限られるわけではありません。

　ＧＬにおける対象債権者は「中小企業に対する金融債権を有する金融機関等」とされており、銀行等の金融機関はもちろん、信用保証協会やサービサー等の債権者も含まれます。ただし、保証履行をして主たる債務者に求償権を有することになった個人保証人は含まれません。

　上記に加えて主たる債務者及び保証人の誠実性、適時の情報開示、主たる債務者及び保証人が反社会的勢力ではない等の条件もあります。

　以上の諸条件を満たした場合、アの要件が満たされることとなります。

(4)　要件イについて

　次にイについてですが、ＧＬを利用した場合、保証人本人は破産等の法的手続をとる必要はありませんが、法人等の主たる債務者については法的手続または準則型私的整理手続を申し立て、またはすでに申し立てている必要があります。したがいまして、保証人の債務のみの整理というのはできず、同時に法人等の主債務者の債務についても何らかの手続きによって債務を整理する必要があります。

(5)　要件ウについて

　ウについて、専門的には「清算価値保証原則」と呼ばれている条項で

す。簡単に言いますと、最低でも主債務者・保証人がいずれも破産したときの配当額よりは多くの金額を債権者に支払う必要があるということです。

　例えば、主債務者と保証人が破産すると、債権者に総額500万円の配当があるのに、GLを利用して保証債務の整理をした場合、総額300万円しか債権者に弁済できないという内容ではGLの利用は認められないということです。

　ここでポイントとなるのは、配当額の多寡は保証人のみについて判断されるわけではなく、「主たる債務者」も合わせて判断されるということです。

　どういうことかと言いますと、仮に保証人が破産した場合、100万円の配当ができるものの、GLを利用した場合、保証人としては50万円しか配当できなかったとします。ここだけ見ると債権者への配当額は減っていますから、GLの利用はできないようにも思えます。しかし、破産すれば主たる債務者としては400万円しか支払えなかったものの、保証人がGLを利用することによって、主たる債務者である法人等が再建を果たし、再建によって1,000万支払えたという場合、破産の場合の配当額は500万円（主債務者400万円＋保証人100万円）ですが、GLを利用することによって1,050万円（主債務者1,000万円＋保証人50万円）の配当ができることとなりますので、この条件を充たすことができます。

　したがいまして、ここでは主たる債務者である会社等がどれだけ破産より多く配当できるかもポイントとなります。

(6)　要件エについて

　最後にエについてですが、破産法第252条第1項には免責不許可事由が定められています。当該規定を簡単に言いますと、債務者が誠実ではなく、財産を隠匿する等、債権者に損害を与える行為等をした場合に、

159

そのまま債務者を免責（＝債務を帳消しにすること）することは適当でないことから、当該行為に該当する行為を債務者が行った場合は、破産したとしても、債務の消滅が認められないという趣旨の規定です。

免責不許可事由に該当した場合、破産したときでさえ債務が消滅しないのですから、ＧＬによっても債務の消滅は認められないという、ある意味当然のことを規定したとも言えます。

具体的な内容については弁護士等の専門家に相談することをお勧めしますが、例えば、自らの財産を隠したり、知り合い等の特定の債権者のみに返済を継続したり、浪費や賭博によって財産を減少させた場合等が免責不許可事由にあたりますので、債務整理前の上記に該当するような行為は厳にお控えになるようお気を付け下さい。

3. 保証債務整理のための手続きについて

2の要件をすべて充たした場合、ＧＬが利用した保証債務の整理を申し出ることができますが、ＧＬを利用して保証債務を整理するためには、以下の手続きを用いることが必要とされています。

すなわち、

a）主たる債務の整理にあたって、準則型私的整理手続を利用する場合、主たる債務の整理と同じ準則型私的整理手続を利用して行う、主たる債務と保証債務の一体型の整理手続

b）主たる債務の整理については法的債務整理手続を利用する場合や、準則型私的整理手続を利用する場合であっても、主たる債務と保証債務の一体整理が困難な場合等における、保証債務のみの整理が可能な適切な準則型私的整理手続を利用した保証債務のみの整理手続

上記いずれかの手続きを用いる必要があります。

少しわかりにくいですが、前述したとおり（要件イ参照）、ＧＬを利

用するためには、主たる債務者の債務をとりあえず棚上げにして、保証人の債務のみを整理することは基本的に認められておらず、主たる債務者の債務も一緒に整理する必要があります。

その際、主たる債務者は法的手続または準則型私的整理手続を利用する必要があると前述しましたが、ａ）は簡単に言いますと、主たる債務者が債務の整理方法として準則型私的整理手続を選択した場合、保証人も同様の手続きを用いる必要があるという意味です。例えば、主たる債務者が特定調停手続を選択した場合、保証人も基本的には特定調停手続によって保証債務を整理する必要があるということになります。

ｂ）については、主たる債務者が民事再生、破産等の法的手続を利用した場合、保証人も一緒に法的手続を取ってしまえば、ＧＬの意味がありませんので、仮に主たる債務者が法的手続を利用した場合は、保証人に関しては準則型私的整理手続を利用して、保証債務のみの整理を図ることが認められた規定となります。その他、主たる債務との一体整理が困難な場合等も、保証債務のみを準則型私的整理手続を利用して整理することが認められています。

4．ＧＬ適用の効果について

ＧＬ適用のための要件を全て充たし、必要な手続を踏んだ場合、保証人は債権者に対して、「残存資産」を除くすべての資産を処分・換価し、得られた金銭をそれぞれの債権者の債権の額の割合に応じて弁済を行うことによって、その余の保証債務について免除を受けることを求めることができます。

どういうことかと言いますと、ある一定の財産（残存資産）は手元に置いておいたまま、その他の財産を売却して、その売却した代金を債権者に支払うことによって、その支払った金額が保証債務額の全額に満たない場合でも、残りの保証債務の免除を受けられるということです。

極端な例ですが、保証債務が5億円残っていたとしても、残存資産を超える資産が100万円しかなければ、100万円を債権者に支払うことによって、残りの4億9900万円の債務は免除されるということです。

ここで注意して頂きたいことは、GLを利用した場合でも、何らの支払いをせずに無条件で保証債務の免除が認められるわけではなく、一定の範囲の資産は換価して、債権者に配当する必要があるということです（保証人の資産状況によっては、一切の弁済をせずに、保証債務の免除のみ求めることが可能な場合もあります）。

しかし、その際「残存資産」としてGLに定められている資産は、手元に残しておくことが認められます。

したがいまして、この「残存資産」を手元に残したまま、保証債務の免除が得られることがGLを適用する最大のメリットとも言えるでしょう。

この「残存資産」の範囲等につきましては、次のQ53で詳述します。

また、GLによって保証債務を整理したとしても、債権者は当該保証人が債務整理を行った事実等を信用情報登録機関（一般的にブラックリストと俗称されているものです。）に報告、登録しないこととされました。

これまで、保証人が保証債務を整理するために破産等の法的手続を選択した場合はもちろん、弁護士の債務整理着手によっても、この信用情報登録機関に登録されていたため、保証人はその後の借入やクレジットカードの作成が困難となり、保証人の生活再建や、新規事業の開始が事実上困難でした。

GLを用いた債務整理の場合、信用情報登録機関に報告、登録しないことが明記されたため、保証債務整理後の保証人の生活にも支障が出づらくなり、これもGLを用いるメリットと言えるでしょう。

51 経営者保証ガイドラインによって手元に残せる資産

Question

経営者保証ガイドラインを利用した場合、具体的に保証人はどのような財産を手元に残せるのでしょうか？　自宅は失わずに済むのでしょうか？

Answer

経営者保証ガイドラインを用いて保証債務を整理した場合、①一定期間の生計費に相当する現預金、②華美でない自宅、③主たる債務者の実質的な事業継続に最低限必要な資産、④その他の資産、以上の資産は手元に残したまま、保証債務の整理をすることができるようになりました。

1. 保証人が資産を手元に残す際の考慮要素

(1) 残存資産とは

これまで、法人等の主債務者の経営が行き詰ると、保証人である代表者は多額の保証債務の負担が生じるため、任意整理等での処理が難しく、現実的には破産等の法的手続によらなければ、保証債務の整理をすることが困難でした。破産した場合、原則として99万円以下の現預金等しか手元に残すことはできず、自宅等の不動産は手放す必要がありました。

しかし、経営者保証ガイドライン（以下、「ＧＬ」と言います）を用いた保証債務の整理の場合、一定程度の資産（残存資産）については、手元に残したまま保証債務の整理をすることができるようになり、主債

163

務者の債務を整理することや保証人の保証債務を整理することへの心理的抵抗が格段に低くなりました。このように、一定程度の資産を手元に残したまま、保証債務の整理ができるということが、ＧＬの最大のメリットと言っても過言ではないかもしれません。

(2) 残存資産の範囲を決める際の考慮要素

　ＧＬでは、保証人が手元に残すことのできる資産を『残存資産』と言っていますが（保証人に早期の債務整理のインセンティブを与えるという意味で、「インセンティブ資産」と言ったりもします）、その残存資産の範囲について、ＧＬでは以下のような点を総合的に勘案して決定するとされています（ＧＬ７項（３）③）。

　イ）保証人の保証履行能力や保証債務の従前の履行状況
　ロ）主たる債務が不履行に至った経緯等に対する経営者たる保証人の帰責性
　ハ）経営者たる保証人の経営資質、信頼性
　ニ）経営者たる保証人が主たる債務者の事業再生、事業清算に着手した時期等が事業の再生計画等に与える影響
　ホ）破産手続における自由財産（破産法第34条第３項及び第４項その他の法令により破産財団に属しないとされる財産をいう。以下同じ）の考え方や、民事執行法に定める標準的な世帯の必要生計費の考え方との整合性

　ＧＬは法律ではなく、あくまで債権者と保証人との保証債務整理の方法を定めた文字通り「ガイドライン」であり、ガイドラインを利用すれば、債権者は誠実かつ柔軟に対応するよう努めることとはされていますが、保証債務の免除を義務付けられるものではありません。

　したがいまして、上記イ）～ホ）までの要件がすべて揃えば必ず残存資産が広く認められるというわけではありませんし、逆にイ）～ホ）の

どれかの要件に疑義が生じたとしても、それだけで直ちに残存資産が一切認められないというわけでもありません。

例えば、ロ）の要件で言えば、法人等の主たる債務者が経営に行き詰った原因が、保証人である経営者の浪費等に起因するのであれば、残存資産の範囲を広く認めてもらうことのハードルは上がるでしょうが、逆に主たる債務者が窮境に陥った原因が、保証人である経営者の責任よりも景気悪化等の外部環境に大きく起因する場合は、残存資産を広く認めてもらうためのハードルは下がるでしょう。

このように、上記のイ）～ホ）の要件の充足度合と、債権者が残存資産として保証人の手元に残すことを認める資産の範囲は、ある程度相関関係にあると言えるでしょう。

2. 保証人が手元に残せる資産（残存資産）の範囲

(1) 残存資産の範囲

では具体的にどのような財産が手元に残せるのでしょうか。ＧＬにおいては、債権者が保証人から一定期間の生計費や華美でない自宅等について残存資産に含めることを希望された場合には、下記のような資産について残存資産とすることを、真摯かつ柔軟に検討することとされています。

① 一定期間の生計費に相当する現預金
② 華美でない自宅
③ 主たる債務者の実質的な事業継続に最低限必要な資産
④ その他の資産

(2) 一定期間の生計費に相当する現預金

まず①の「一定期間の生計費に相当する現預金」ですが、「生計費」については民事執行法施行令において、１月当たりの標準的な世帯の必

要生計費として「33万円」と定められており、それを参考にするとされています。

また、「一定期間」については、雇用保険の給付期間の考え方等を参考とするとされています。

（参考）雇用保険の給付期間

区分 \ 被保険者であった期間	1年未満	1年以上5年未満	5年以上10年未満	10年以上20年未満	20年以上
30歳未満	90日	90日	120日	180日	―
30歳以上35歳未満	90日	90日	180日	210日	240日
35歳以上45歳未満	90日	90日	180日	240日	270日
45歳以上60歳未満	90日	180日	240日	270日	330日
60歳以上65歳未満	90日	150日	180日	210日	240日

例えば、勤続期間30年の50歳の保証人の場合、「一定期間」は330日（＝11か月）となり、1月当たりの「生計費」は33万円ですから、破産法上認められた自由財産相当額（99万円）に363万円（33万円×11か月）の現預金を加えて、合計462万円の現預金を手元に残すことを債権者に求めることができます。（上記雇用保険の給付期間には65歳以上についての定めがありませんが、65歳以上については一律に現預金を手元に残せないと考える理由はありませんから、60歳以上65歳未満に準じて考えれば良いでしょう）

なお、上記の考え方はあくまで「目安」とされており、保証人の経営資質、信頼性、窮境に陥った原因における帰責性等を勘案し、個別案件ごとに手元に残せる現預金の「増減」を検討することとされています。

したがいまして、主債務者である法人等が窮境に陥った原因が多分に経営者たる保証人にあるのであれば、上記目安額より手元に残せる現預

金は減る可能性もあるでしょうし、窮境に陥った原因が保証人にない場合や、保証人自身や生計を一にする家族に病気を患っている人がいる場合等は、上記目安額より多めの現預金を手元に残すことを債権者に求めることも、ＧＬの趣旨に反しないでしょう。

(3) 華美でない自宅

次に②の「華美でない自宅」についてです。

この「華美でない自宅」についても、ＧＬを用いれば保有し続けたまま（居住し続けたまま）保証債務の整理を行うことが可能となりました。

経営者等の保証人は、自宅を失うことが最大の不安と思っていることも多いので、自宅を残したまま保証債務を整理できる余地が広がったというのは、保証人にとって早期の主債務や保証債務の整理に着手する可能性が広がったということになります。

自宅を残存資産の範囲に含めるためには、まずその字義どおり自宅が「華美でない」必要があります。この「華美でない」というのは、幅のある概念であり、どのような建物であれば「華美でない」と言えるかは、一般化することは難しいでしょう。ただ、世間一般の常識として、時価１億円近い自宅であれば華美となるでしょうし、逆に土地建物合わせても数百万円程度であれば華美とは言えないでしょう。一つの目安としては、近隣の建物と比較して、殊更に敷地面積が広いとか、建物が豪華であると言えるか否かは参考となるでしょう。ただ、上記のような事情を考慮しつつ、最終的にはその他の手元に残す資産や、保証人の弁済計画等も綜合して判断されることになります。

次に、手元に残す自宅については、その評価額についても上限があります。ＧＬ上では「主たる債務者の債務整理が再生型手続の場合には、破産手続等の清算型手続に至らなかったことによる対象債権者の回収見

込額の増加額、又は主たる債務者の債務整理が清算型手続の場合には、当該手続に早期に着手したことによる、保有資産等の劣化防止に伴う回収見込額の増加額」が手元に残せる自宅の価値の上限とされています。

　これは簡単に言うと、債権者にとってもＧＬを利用したことで得したと言えるか否かと言い換えてもいいでしょう。

　例えば主たる債務者が民事再生等の再生型手続で債務整理を試みた場合、主たる債務者が破産すれば100万円しか債権者に配当できなかったものが、民事再生を用いることによって2,000万円配当できたとします。この場合、債権者の配当額は1,900万円増えていますから、保証人が手元に残せる自宅の上限価額は1,900万円となります。債権者としても、主たる債務者から1,900万円配当を多くもらえるわけですから、保証人に1,900万円以下の自宅の保有を認め、結果として保証人からの弁済額が減ったとしても、債権者として損はなく、経済的に合理性があることとなります。

　また、主たる債務者が破産等の清算型手続をとった場合でも、例えば早期に破産手続をとっていれば債権者に1,000万円配当できたのに、ズルズルと破産を引き伸ばし、最終的に債権者への配当が100万円しかできなかったとすると、早期破産によって、900万円債権者への配当が増えることとなります。この場合も上記同様、900万円の範囲内で保証人の手元に自宅を残せることとなります。ただし、主たる債務者が破産等の清算型手続を選択する場合は、再生型手続を選択する場合に比べて、結果として主たる債務者が破産したことには変わりがないため、本当に早期の破産で債権者への配当が増えたのかの証明が難しいため、主たる債務者が再生型手続をとる場合よりも、自宅を手元に残すハードルはやや上がるでしょう。

　ところで、自宅に抵当権等の担保権が設定されていない場合は上記の考え方で良いのですが、自宅には住宅ローンの担保として抵当権等の担

保権が設定されていることも多いかと思います。この場合、上記とは別の考慮が必要となってきます。

　ＧＬはあくまで保証人の資産について担保権を有していない債権者を原則に考えられていますので、抵当権者等の担保権者については、ＧＬに基づく保証債務の整理等の効力は直接には及びません。

　したがいまして、仮に上記の基準に従い、「華美でない自宅」として担保権を有さない債権者に自宅を残存資産とすることが認められたとしても、住宅ローン等の債権者はその合意に縛られることなく、自由に抵当権を実行し、競売等の手続きをとることができます。

　しかしながら、せっかくＧＬの対象債権者と合意しても、担保権者から担保権を実行されたのでは自宅を守ることはできません。

　そこで、自宅に担保権が設定されている場合は、その担保権者も含めて弁済計画等について話し合う必要があるでしょう。この場合、担保権者については、何らの返済をすることなく、担保権だけを外してもらうというのは基本的に難しいので、住宅ローン等の返済条件を見直してもらうとか、自宅についての「公正な価額」を分割払い等で支払うので、それで担保権を外して欲しい等（自宅の評価額が2,000万円で、住宅ローンの残債が3,000万円の場合、2,000万円を一括または分割で支払うことによって、抵当権を外してもらう等）の交渉をする必要があります。

（4）　主たる債務者の実質的な事業継続に最低限必要な資産

　次に③についてですが、主たる債務者が事業を営んでいる場合、主たる債務者である法人等が使用している本社ビルや工場等が、保証人である経営者の所有となっているケースも少なくないかと思います。

　この場合、保証人の債務を整理するからといって、これらの不動産も無条件で処分してしまえば、主たる債務者である法人等の事業継続が困

難となり、再生可能な会社まで潰れてしまい、結果的に債権者にとっても配当額が減りますので、望ましいことではありません。

そこで、経営者等の保証人が、主たる債務者が事業継続するうえで最低限必要と言える資産を保有している場合は、当該主たる債務者たる法人にその資産を譲渡することによって、それらの資産については保証人の返済原資とはみなさない、すなわち事業に使用している資産を処分する必要はないこととされます。ただし、主債務者への譲渡の際、何らかの対価を得た場合は、その対価については保証人の手元に置いておけるわけではなく、原則として債権者への返済原資とされます。

(5) その他の資産

最後に④についてですが、上記①〜③までの資産に加えて、生命保険等の保険契約、自家用車、敷金等のその他の資産については、破産手続における自由財産の考え方や、その他の個別事情を考慮して、残存資産の範囲を判断することとされています。

したがいまして、一定期間の生計費である現預金、華美でない自宅以外にも、個別具体的な事情や破産手続における実務運用等を踏まえて、残存資産とすることも可能となります。

ただし、上記①〜④の資産の総合計額は、主たる債務者が再生（または早期の清算）によって、破産した場合よりも債権者への配当が増加した額が上限とされています。よって、主たる債務者が破産した場合より、再生によって2,000万円債権者への配当が増えたとすれば、保証人の手元に残せる資産の合計額の上限は2,000万円となります。

以上が、保証人が手元に残せる「残存資産」の基本的な考え方ですが、いずれの資産につきましても、破産手続の考え方や、主たる債務者の再生等の手続きの帰趨が大きく影響してきますので、詳しくは弁護士等の専門家に相談されることをお勧めします。

3. 弁済計画

(1) 弁済計画の内容

保証人は、2．で述べた残存資産を除くその他の資産を処分・換価し、債権者の債権額に応じて弁済をする必要があります。

その意味で、ＧＬを利用したからといって一切の支払をせずに保証債務から免れる訳ではなく、一定程度の債権者への支払が必要となるということになります（保証人が保有するすべての資産が残存資産とされれば、一切の支払をせずに、保証債務免除を得られることもあります）。

保証人が保証債務を免れるためには、以下の内容を定めた弁済計画案を策定し、すべての債権者の同意を得る必要があります。

① 保証債務のみを整理する場合には、主たる債務と保証債務の一体整理が困難な理由及び保証債務の整理を法的債務整理手続によらず、このガイドラインで整理する理由
② 財産の状況
③ 保証債務の弁済計画（原則5年以内）
④ 資産の換価・処分の方針
⑤ 対象債権者に対して要請する保証債務の減免、期限の猶予その他の権利変更の内容

(2) 弁済計画の具体例

保証人は、債権者にＧＬを利用した保証債務の整理を申し出た時点でのすべての資産（ただし、残存資産として認められた資産を除く）を処分・換価して、債権者に弁済する必要があります。

例えば、保証人の保有資産として、自宅、投資用マンション、現預金2,000万円、生命保険、車という資産があったとします。このうち、自宅、現預金500万円、車が残存資産として認められた場合、その他の資

産については債権者への弁済原資となります。

すなわち、現預金2,000万円のうち、残存資産500万円を除く1,500万円が、投資用マンションについては売却の上その売却代金が、生命保険については解約の上その解約返戻金がそれぞれ債権者への弁済原資となります。

その際、資産の処分・換価に代わり、処分・換価対象資産の「公正な価額」に相当する額を弁済することによって、処分・換価とみなすこともできます。

どういうことかと言いますと、上記の例でいえば、生命保険は残存資産とされなかった以上、原則として解約の上、解約返戻金を債権者への弁済原資とする必要があります。しかし、保証人が高齢の場合や既往症がある場合、保険を解約してしまうと再度の加入が困難なケースがあります。

その場合、保険を解約することなく、保険の解約返戻金相当額を債権者への弁済原資とすることで、保険の解約を免れることができます。解約返戻金が50万だった場合、50万円を債権者に追加で配当することで、保険契約自体は維持するといった具合です。

(3) 弁済計画の期間

上記の考え方によって、残存資産以外の資産をすべて処分・換価等した金額の合計額が2,500万円とした場合、その金額が債権者への弁済原資とされます。

この金額については、もちろん一括で返済しても構いませんが、5年を上限とする分割弁済も認められています（個別事情等を考慮して、関係者間の合意により5年を超える期間の弁済計画を策定することも可能とされています）。

(4) 債務者への情報開示

残存資産を除く資産を処分・換価し、一括または分割で債権者に弁済した場合、残りの保証債務については免除をするよう債権者に求めることができます。

その際、保証人は自己の資力に関する情報を誠実に開示し、開示した情報の内容の正確性について表明保証（内容が正しいことを表明し自ら保証すること）を行う必要があります。また、保証人自らの資力を証明するために必要な資料の提出も求められます。

せっかく保証債務の免除を得られたとしても、万が一、債権者に開示した資産以外の財産が後に判明した場合、保証債務の免除の効力は消滅し、免除していた期間分の延滞利息も付したうえで、債権者に追加弁済を行う必要があります。

後に財産隠匿等と疑われないために、債権者に情報を開示する際は、故意の隠匿は問題外として、過失で資産が漏れていた等のないように、専門家とも協議しながら開示する資産は自己の資産がすべて網羅されるよう慎重に検討しましょう。

4. ＧＬ申出の期限について

ＧＬを利用して保証債務を整理すること自体については特に期限は定められていません。

ただし、上記の「残存資産」を債権者に認めてもらうためには、主たる債務の整理手続の終結前に保証債務の整理を債権者に申し出る必要があります。

つまり、法人等の主たる債務者がすでに破産を申し立て、破産手続自体も終結した後に、保証人が残った保証債務についてＧＬを用いたとしても、原則として「残存資産」は認められない、すなわち破産手続で認められた自由財産以上の資産を手元に残すことは認められないというこ

とになります（ＧＬの利用自体は妨げられないので、破産法上の自由財産だけ残して、破産をせずにＧＬで保証債務を整理するという利用方法はあるかもしれません）。

「残存資産」として手元に資産を残せなければ、ＧＬのメリットの大半は失われるに等しいと言えます。

したがって、自宅等を「残存資産」として認めてもらうためには、主たる債務の整理手続が終結する前に、できれば主たる債務の整理と同時に保証債務についてもＧＬを用いた整理手続の申し出をするようにしましょう。

コラム　賃貸借契約の更新と保証人の責任

　賃貸借契約において保証人となった方は、その賃貸借契約が更新された後、賃借人の債務について、「私は更新前の債務について保証したものであって、更新契約書に連帯保証人として署名押印していないので、更新後に生じた債務についてお支払いたしません」と支払を拒むことはできるでしょうか。

　建物の賃貸借契約は、期間が満了したとしても、貸主が契約の更新を拒絶する「正当事由」がないかぎり、貸主からの更新拒絶は認められず（借地借家法28①）、契約が更新されます（同26①）。建物の賃貸借契約は、借主の地位、生活を守るため、貸主からの解除の要求にはハードルを設けている契約なのです。これを裏返しで言いますと、賃貸借契約は更新されることがいわば前提となっており、保証人も契約が更新されることをも了承して、保証人になったものと理解されることになるのです。

　そのため、保証人は（自らが関与しないで）契約の更新が行われたとしても、原則として、更新後も保証人としての地位が引き続いてしまいます。ただし、例外的に保証人に責任を負わせては不合理と思われるような場合（一般に「特段の事情」がある場合、といいます）には、保証人は責任を負わなくてもよいとされています（最判平成9年11月13日参照）。具体的には、借主が家賃を滞納しているにもかかわらず保証人には一切連絡をしていなかった場合や、貸主が明渡しを求めることができるのにそれを怠って保証人に請求する場合などが挙げられます。

　なお、実務上は、更新契約においても保証人の署名押印を求める場合が多くありますので、もし、契約更新時期になっても保証人に何も連絡が来なければ、賃貸人、賃借人、仲介業者等に対し、契約の更新に関する状況を確認しておかれることをお勧めいたします。

■著者等紹介

<編　者>

東京弁護士会　親和全期会

　親和全期会は、東京弁護士会内の会派の一つである法曹親和会の会員のうち、司法修習終了15年までの若手・中堅弁護士によって構成される任意団体（会員弁護士約1,000名）です。法学及び法律実務の研究並びに法律家にとって必要な深い教養の保持と高い品性の陶冶のために有益な事業を行っており、具体的には、会員向けの研修会、中小企業向けの法律相談会・セミナー、法律専門書・法律実務書・ビジネス書などの出版事業、日本弁護士連合会・東京弁護士会の運営に関する答申や政策提言、会員相互の親睦のための企画などを行っています。

　近年は、中小企業の法務支援に注力しており、地方公共団体の後援を得て中小企業向けのセミナー兼法律相談会を実施したり、多数の中小企業経営者向けの書籍を出版するなど、精力的に活動を行っています。

<編集代表>

奥　国範（おく・くにのり）
　慶應義塾大学法学部法律学科卒。平成13年弁護士登録（東京弁護士会・54期）。
　奥綜合法律事務所　代表弁護士。慶應義塾大学法務研究科非常勤講師。
　平成27年度親和全期会代表幹事。
　取扱分野：銀行法務等の金融法務、ファイナンス関連法務、その他企業法務全般
　主な著書：『銀行窓口の法務対策4500講』きんざい（共著）、『新訂貸出管理回収手続双書』きんざい（共著）、『最新金融商品取引法ガイドブック』新日本法規（共著）、『同族会社・中小企業のための会社経営をめぐる実務一切』自由国民社（共著）、『成功する事業承継のしくみと実務（第2版）』自由国民社（編著）ほか、多数執筆

中田　圭一（なかだ・けいいち）
　慶応義塾大学綜合政策学部卒。平成20年弁護士登録（東京弁護士会・61期）。
　政府系金融機関勤務、都内法律事務所勤務、国会議員政策担当秘書を経て、現在、アクシアム法律事務所の共同経営者。
　取扱分野：企業法務、一般民事事件、家事事件

瀬川　千鶴（せがわ・ちづる）
　法政大学法学部卒。平成18年弁護士登録（東京弁護士会・59期）。
　青南法律事務所所属。
　取扱分野：企業法務のほか、労働事件、相続・離婚等の家事事件　等

余頃 桂介（よごろ・けいすけ）
　慶応義塾大学法学部卒。同大学大学院法務研究科修了。平成19年弁護士登録（東京弁護士会・60期）。
　現在、表参道総合法律事務所パートナー。
　取扱分野：企業法務（不動産、労働、契約書作成等）、一般民事事件

金川 征司（かながわ・せいじ）
　関西学院大学法学部卒、九州大学法科大学院卒。平成19年弁護士登録（東京弁護士会・60期）。
　都内法律事務所勤務、金川征司法律事務所設立を経て、現在、表参道総合法律事務所パートナー。
　取扱分野：企業法務、倒産事件、一般民事事件、不動産事件、家事事件、刑事事件

＜執筆者＞（五十音順）

石田 智也（いしだ・ともや）
　東京大学法学部卒。首都大学東京法科大学院卒。平成20年弁護士登録（東京弁護士会・61期）。
　虎ノ門法律経済事務所勤務を経て、平成25年秋葉原総合法律事務所開設。
　取扱分野：企業法務、交通事故、不動産事件

伊藤 慶太（いとう・けいた）
　慶應義塾大学文学部、慶應義塾大学法科大学院卒。平成23年弁護士登録（東京弁護士会・64期）。
　箕輪法律事務所所属。
　取扱分野：企業法務、交通事故、家事事件

岩﨑 孝太郎（いわさき・こうたろう）
　東京大学教育学部卒。首都大学東京法科大学院卒。平成21年弁護士登録（東京弁護士会・62期）。
　平成27年1月独立し、首都東京法律事務所の共同経営者。
　取扱分野：不動産関連全般、交通事故

片井 慎一（かたい・しんいち）
　大阪大学法学部卒。九州大学法科大学院卒。平成23年弁護士登録（東京弁護士会・新64期）。
　光麗法律事務所所属。
　取扱分野：会社再生（私的再生・法的再生）、企業法務

櫻井 康史（さくらい・やすふみ）
　早稲田大学法学部卒。中央大学法科大学院卒。平成20年弁護士登録（東京弁護士会、61期）。
　髙橋修平法律事務所勤務を経て、平成27年晴海パートナーズ法律事務所開設。
　取扱分野：倒産処理、組織再編（M&A）、労働法務、企業法務、一般民事事件

佐藤 顕子（さとう・あきこ）
　立教大学法学部卒。中央大学法科大学院卒。平成21年弁護士登録（東京弁護士会・新62期）。
　あおい法律事務所所属。
　取扱分野：一般民事事件（消費者事件等）、家事事件、少年事件

髙橋 哲哉（たかはし・てつや）
　法政大学法学部卒。中央大学法科大学院卒。平成20年弁護士登録（東京弁護士会・61期）。
　虎ノ門法律経済事務所勤務を経て、平成25年品川総合法律事務所を開設し、同事務所の代表弁護士に就任。
　取扱分野：企業法務、少年事件、家事事件

沼 宏一郎（ぬま・こういちろう）
　早稲田大学法学部卒。平成18年弁護士登録（東京弁護士会・59期）。
　都内法律事務所勤務を経て、平成24年10月岡田・沼法律事務所を開設。
　取扱分野：損害賠償・不動産関係等一般民事事件、家事事件、刑事事件、倒産事件　等

秀島 晶博（ひでしま・あきひろ）
　中央大学法学部卒業。一橋大学法科大学院卒。平成25年弁護士登録（東京弁護士会・新66期）。
　つばさ法律事務所所属。
　取扱分野：企業法務、知的財産法、不動産関係等一般民事事件、家事事件など

堀内 ゆか里（ほりうち・ゆかり）
　同志社大学法学部卒。同法科大学院修了。平成25年弁護士登録（東京弁護士会・65期）。
　小川敏夫法律事務所所属。参議院議員小川敏夫政策担当秘書。
　取扱分野：一般民事事件、家事事件

新民法対応！！
事業者が知っておくべき「保証」契約Q&A

2016年3月7日　発行

編　者　東京弁護士会　親和全期会 ©

発行者　小泉　定裕

発行所　株式会社清文社
　　　　東京都千代田区内神田1-6-6（MIFビル）
　　　　〒101-0047　電話03(6273)7946　FAX03(3518)0299
　　　　大阪市北区天神橋2丁目北2-6（大和南森町ビル）
　　　　〒530-0041　電話06(6135)4050　FAX06(6135)4059
　　　　URL http://www.skattsei.co.jp/

印刷：亜細亜印刷㈱

■著作権法により無断複写複製は禁止されています。落丁本・乱丁本はお取り替えします。
■本書の内容に関するお問い合わせは編集部までFAX（03-3518-8864）でお願いします。

ISBN978-4-433-65016-2